Bildwörterbuch DEUTSCH

DK

Inhalt

DK | Penguin Random House

Redaktion Elise See Tai
Projektbetreuung Anna Harrison
Bildbetreuung Ann Cannings, Emy Manby
DTP-Design David McDonald
Herstellung Harriet Maxwell
Cheflektorat Scarlett O'Hara

Für die deutsche Ausgabe:
Programmleitung Monika Schlitzer
Projektbetreuung Martina Glöde
Herstellungsleitung Dorothee Whittaker
Herstellung Gerd Wiechcinski

Titel der englischen Originalausgabe:
First Picture Dictionary

ISBN 978-3-8310-1348-7

Repro Colourscan, Singapore
Druck und Bindung TBB, Slowakei

Besuchen Sie uns im Internet
www.dorlingkindersley.de

So benutzt du dein Buch

In der ersten Buchhälfte gibt es 26 Themenseiten. Zu jedem Bild findest du jeweils das deutsche Wort mit Artikel. Auf der CD kannst du dir anhören, wie die Wörter ausgesprochen werden. In der alphabetischen Wörterliste kannst du gezielt nach einem Wort suchen. Dort findest du auch Beispiele. Die Verben haben ein eigenes Kapitel. Ganz am Schluss findest du einige nützliche Redewendungen sowie die Zahlen von 1 bis 100.

Themenseiten

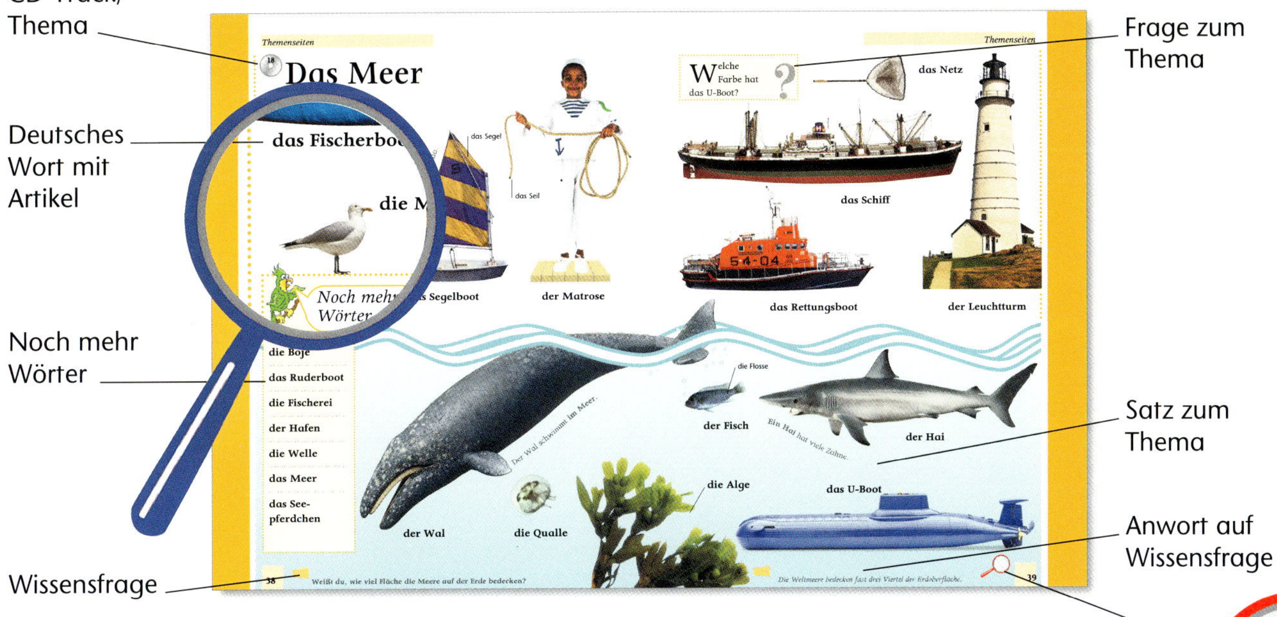

Wörterliste A–Z

Alles über mich

der Vater

die Mutter

das Baby

Das ist meine Familie.

das Kind

der Bruder

die Schwester

der Großvater

die Großmutter

die Großeltern

die Tante der Onkel

Wir sind glücklich!

glücklich

Jan ist wütend.

wütend

Weißt du, wie viele Knochen du hast?

Noch mehr Wörter

die Haare

der Hals

der Ellbogen

der Daumen

der Zahn

der Rücken

das Knie

die Augenbraue

das Gesicht

die Familie

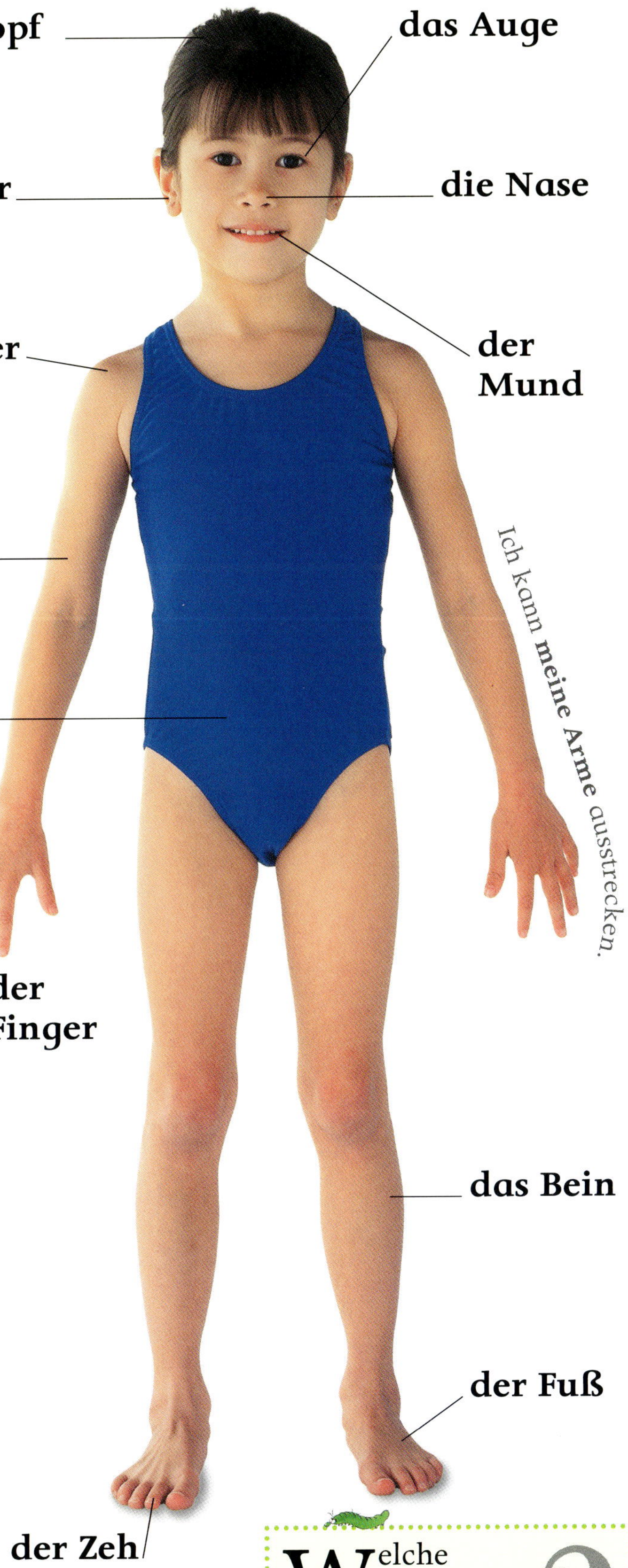

Ich kann **meine Arme** ausstrecken.

Ich weine, wenn ich **traurig** bin.

traurig

Er ist **aufgeregt!**

aufgeregt

Welche Farbe haben deine Augen?

Kleidung

Noch mehr Wörter

der Schuh

die Bluse

die Brille

die Hausschuhe

der Pullover

der Schlaf-anzug

das Kleid

die Unter-wäsche

Weißt du, seit wann es die Jeans gibt?

die Hose

das T-Shirt

die Shorts

der Badeanzug

die Jacke

der Regenmantel

der Rock

die Stiefel

Am liebsten trage ich **Jeans** und **Turnschuhe**.

Magst du lieber Stiefel oder Turnschuhe?

Die Küche

die Pfanne

der Teller

der Ofen

der Herd

der Löffel

die Tasse

das Buch

das Geschirrtuch

der Kochtopf

Was ist auf dem Löffel?

Weißt du, wann es den ersten Gasherd gab?

Noch mehr Wörter

der Wasserkocher

der Krug

das Geschirr

der Tisch

der Toaster

die Wasch-maschine

das Tablett

der Abfalleimer

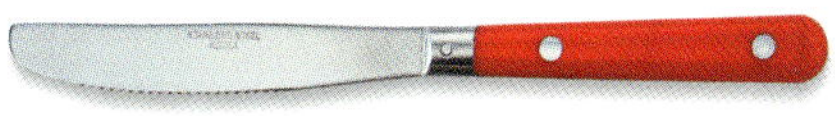

Der erste Gasherd wurde 1826 hergestellt.

Das Badezimmer

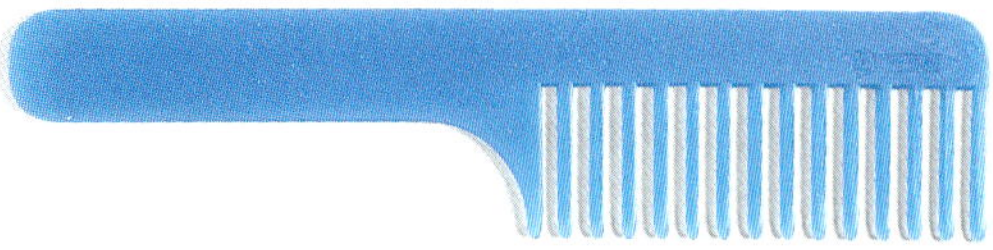

der Kamm

die Badewanne

Es macht Spaß, in der Badewanne zu sitzen.

das Wasser

das Spielzeug

der Schwamm

die Handtücher

Ich gebe Zahnpasta auf meine Zahnbürste.

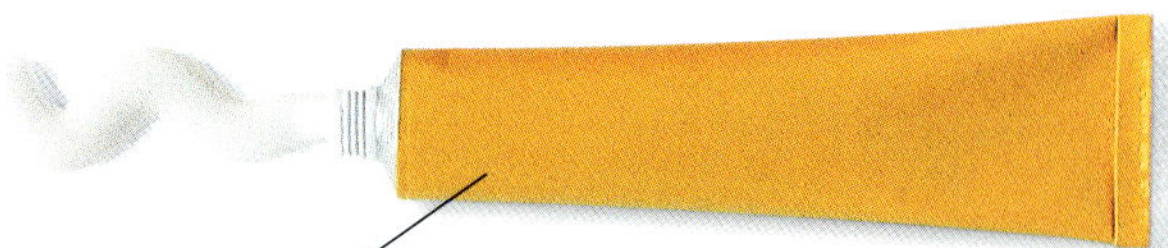

die Tube

die Zahnpasta

die Zahnbürste

Wie viele gelbe Dinge siehst du auf dieser Seite?

Weißt du, was das Besondere am teuersten Badezimmer ist?

das Shampoo

der Spiegel

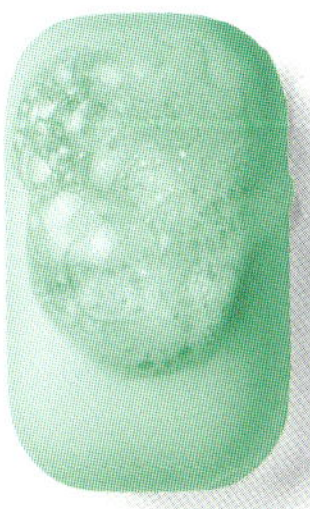

die Dusche **das Toilettenpapier** **die Seife**

Noch mehr Wörter

die Haarbürste

der Dampf

sich waschen

duschen

das Duschgel

das Papier-taschentuch

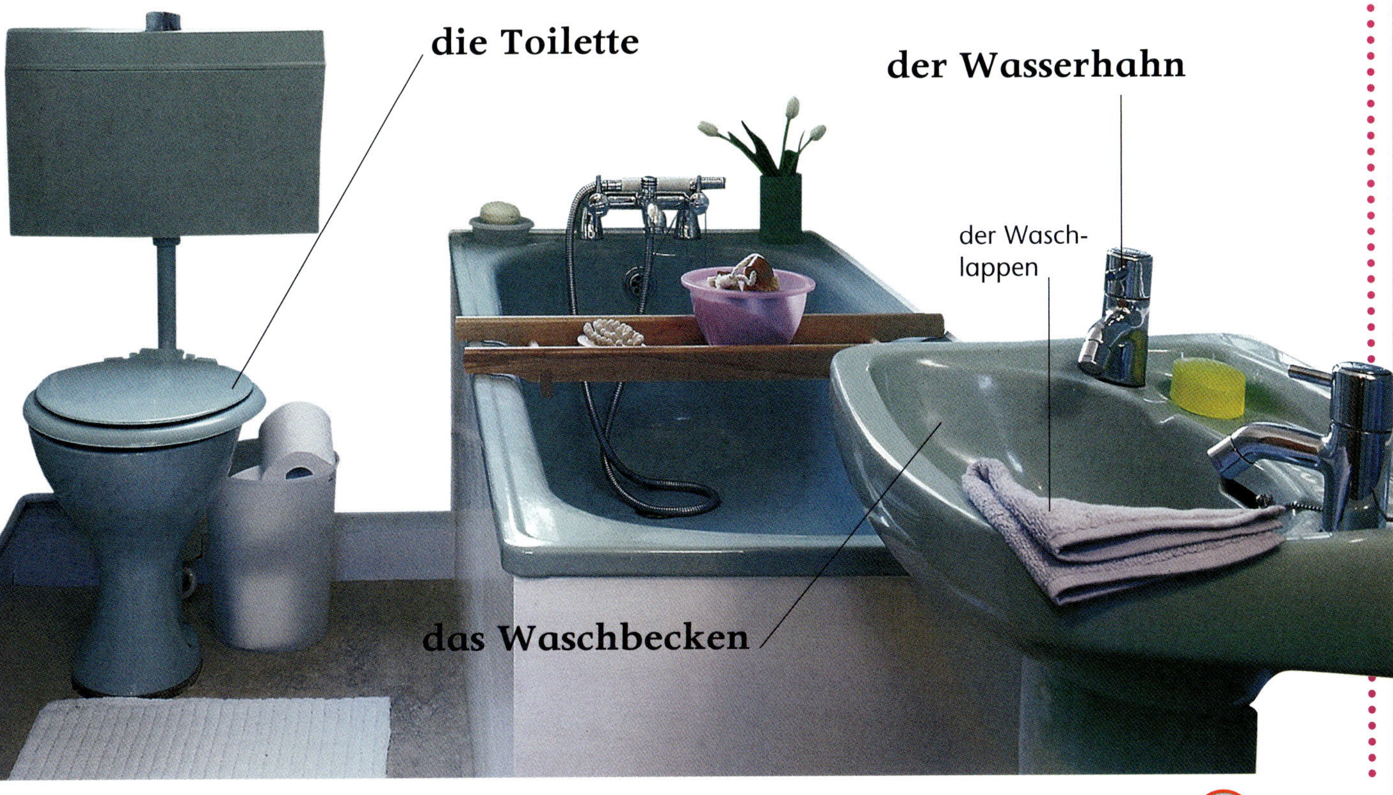

5 Mein Zimmer

der Wecker

das Bett

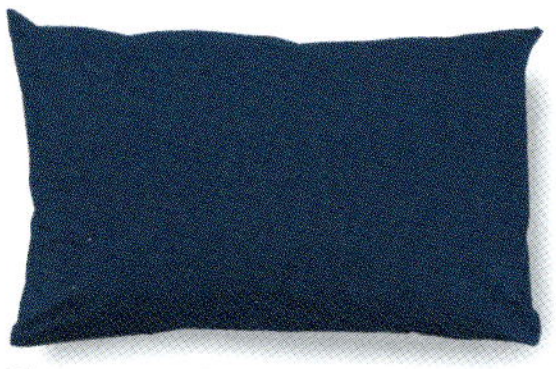

das Kissen

die Bettdecke

der Stuhl

der Kleiderschrank

die Gitarre

der Kleiderbügel

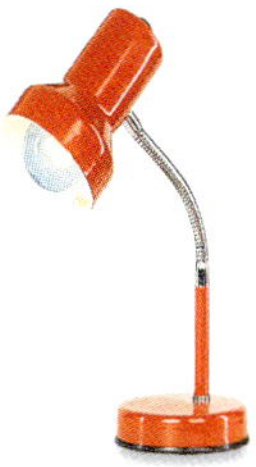

die Lampe

der Spiegel

6 Der Garten

die Schubkarre

der Baum

der Rechen

Noch mehr Wörter

- **die Gießkanne**
- **der Zaun**
- **die Blumen-zwiebel**
- **der Busch**
- **das Blatt**
- **der Rasen**
- **der Gärtner**
- **das Gewächs-haus**

das Gras

der Rasenmäher

Kennst du den Unterschied zwischen Schmetterlingen und Nachtfaltern?

Welche Farbe hat der Marienkäfer auf dieser Seite?

die Schnecke

der Regenwurm

der Flügel

der Schmetterling

die Biene

der Samen

der Marienkäfer

Im Garten **wachsen** Blumen.

Katja **gräbt** den Garten **um**.

der Spaten

die Blume

die Raupe

die Erde

Schmetterlinge fliegen gewöhnlich tagsüber, Nachtfalter dagegen nachts.

In der Stadt

7

das Haus

der Bus

Wie spät ist es auf der blauen Uhr? ?

die Uhr

Manche Städte haben hohe Gebäude – die Wolkenkratzer.

der Wolkenkratzer

die Wohnung

die Straße

das Geschäft

Kennst du eine der größten Städte der Welt?

Noch mehr Wörter

die Bushaltestelle

die Autobahn

der Bahnhof

die Landstraße

der Bürgersteig

die Kirche

das Café

das Restaurant

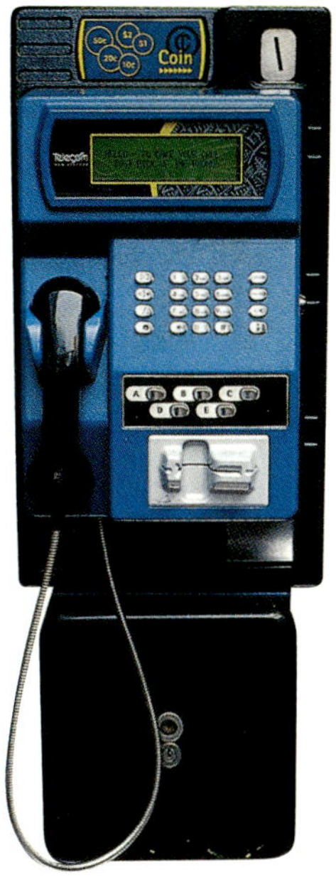

das Telefon

das Schild

die Ampel

die Straßenlaterne

das Kino

die Kreuzung

das Hotel

das Taxi

Tokio in Japan ist eine der größten Städte der Welt.

Im Park

der Drachen

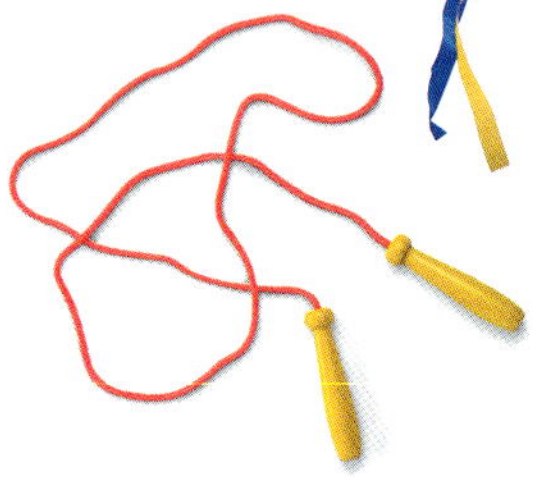

das Springseil

das Skateboard

die Blumen

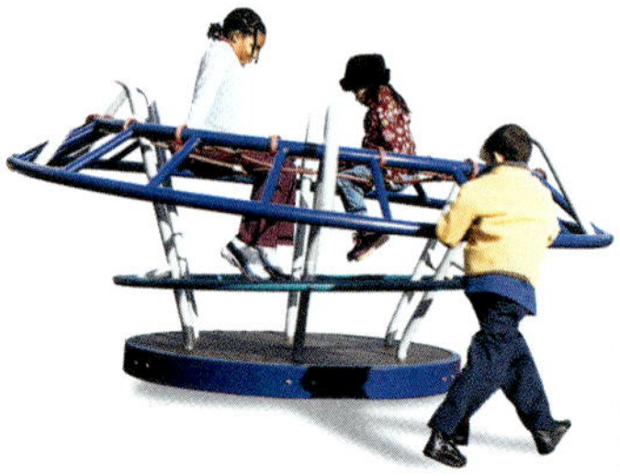

das Karussell

der Schmetterling

der Vogel

das Fahrrad

das Blatt

das Gras

9 Hobbys

Ich bin fertig zum **Schwimmen**.

Meine Blumen **wachsen**.

zelten

schwimmen

die Gartenarbeit

ein Instrument spielen

Susanne **übt** jeden Tag.

Vögel beobachten

tanzen

Weißt du, seit wann die Menschen surfen?

Noch mehr Wörter

singen

sammeln

zeichnen

kochen

Rollschuh fahren

Theater spielen

Fahrrad fahren

lesen

spielen

surfen

Was ist dein Lieblingshobby?

Ich kann **springen** und mich dabei **strecken**.

die Gymnastik

fotografieren

malen

schreiben

10 Essen

die Orange

der Apfel

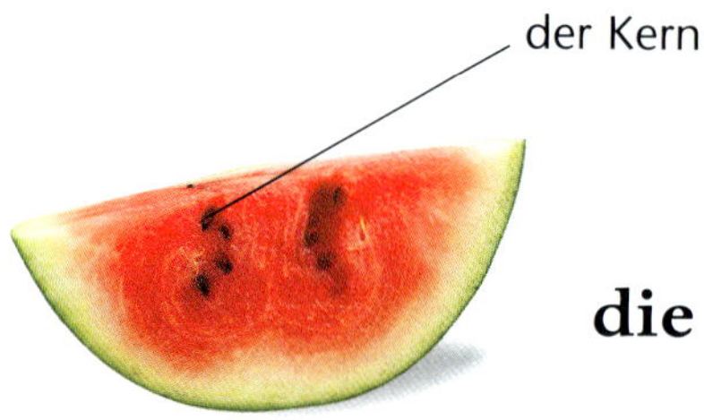

die Wassermelone

die Banane

die Tomate

die Karotte

der Salat

der Kohl

Wir essen Spaghetti.

Die Ananas ist eine Frucht.

die Ananas

Weißt du, ob die Karotte ein Obst oder ein Gemüse ist?

die Kartoffel

das Ei

der Joghurt

die Milch

die Marmelade

Was isst du zum Frühstück?

Ich mag **Brot mit Honig**.

das Brot

die Butter

der Honig

die Nudeln

das Fleisch

Noch mehr Wörter

der Keks

das Mehl

das Obst

das Gemüse

die Zwiebel

das Hühnchen

der Käse

die Spaghetti

der Zucker

das Salz

Die Karotte ist eine Wurzel und gehört zum Gemüse.

11 Beim Einkaufen

Gehst du gern
einkaufen? ?

der Markt der Preis

das Geld

die Einkaufstasche

Ich muss **Lebensmittel einkaufen**.

Wir **warten** in der **Schlange**.

der Einkaufswagen

der Korb

die Kellnerin

das Café

die Einkaufsliste

der Supermarkt

die Bäckerei

der Buchladen

Sie hat viele Einkaufstaschen.

die Käuferin

Noch mehr Wörter

kaufen

bezahlen

die Kasse

der Kassenzettel

einkaufen gehen

der Laden

die Apotheke

der Verkäufer

geschlossen

Der erste Einkaufswagen wurde vor mehr als 60 Jahren erfunden!

das Getränk

die belegten Brote

die Geburtstagskarten

die Kerzen

der Geburtstagskuchen

12 Auf der Party

die Luftballons

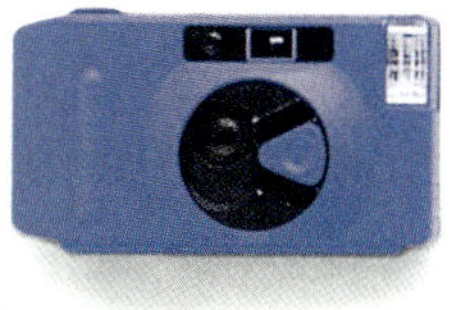

der Fotoapparat

die Kekse

die Eiscreme

die Bonbons

13 Freizeit

das Brettspiel

der Ball

der Roboter

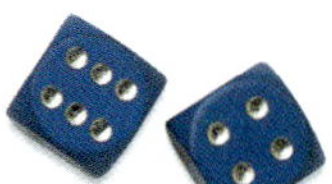

die Würfel

der Laptop

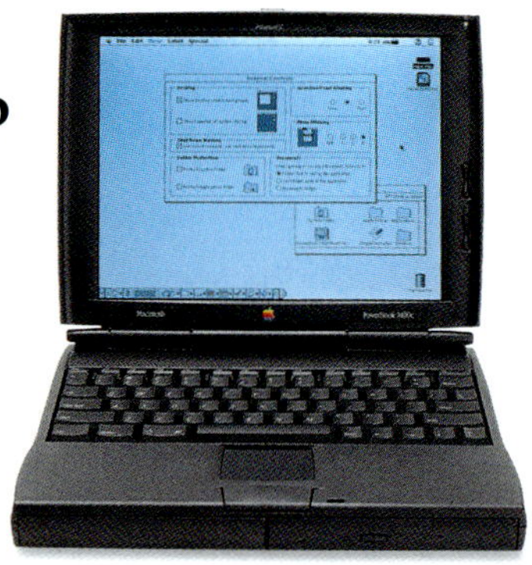

die Zeichnung

der Zug

das Puzzle

Noch mehr Wörter

- Verstecken spielen
- die Bauklötze
- das Spiel
- das Spielzeug
- die Handpuppe
- die Maske
- die Puppe
- die Ferien

Weißt du, wann es den ersten Laptop gab?

die Karten

die CDs

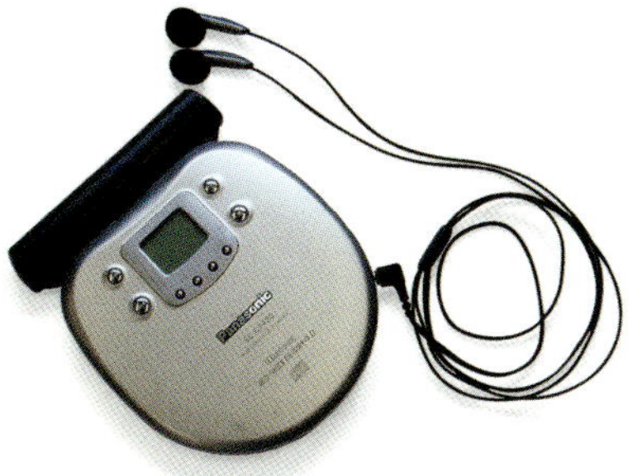

der CD-Spieler

das Computerspiel

Er fährt sehr schnell!

Rollschuh fahren

das Puppentheater

das Faschingskostüm

Magst du Videospiele?

Der erste Laptop wurde vor mehr als 20 Jahren produziert.

Verkehrsmittel

das Flugzeug

die Fähre

das Segelboot

das Taxi

der Lastwagen

das Fahrrad

Die Menschen fahren mit dem Bus.

der Bus

Rettungsdienst

das Feuerwehrauto

Weißt du, wie schnell das schnellste Auto fährt?

der Heißluftballon

der Zug

das Auto

das Motorrad

der Reisebus

die Fahrkarte

der Fahrplan

die Reise

der Lieferwagen

die Tankstelle

die Garage

der Busfahrer

der Verkehr

Wie viele Reifen siehst du auf dieser Seite?

der Polizeihubschrauber

das Polizeiauto

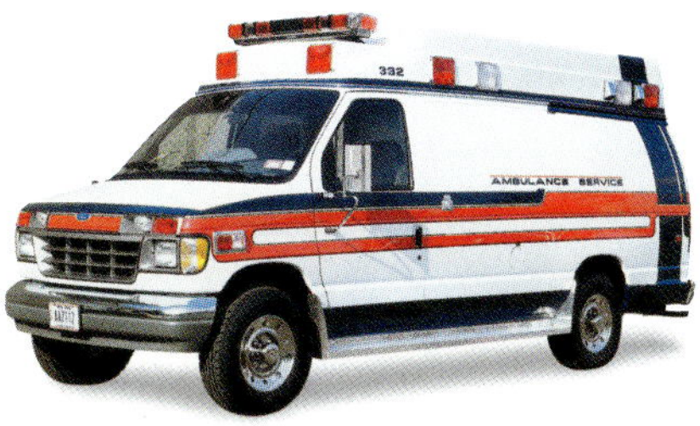

der Krankenwagen

Im Jahr 1998 erreichte das schnellste Feuerwehrauto 655 Kilometer pro Stunde!

15 Tiere im Dschungel

der Kolibri

der Schmetterling

der Schimpanse

die Fledermaus

die Ameise

die Spinne

der Gorilla

der Nachtfalter

das Krokodil

Wie viele Tiere auf dieser Seite können fliegen?

Weißt du, wo der größte Urwald der Welt ist?

der Papagei

Der Tukan frisst mit seinen Schnabel.

der Tukan

Noch mehr Wörter

der Regenwald

der Baum

der Jaguar

das Insekt

die Eidechse

das Säugetier

der Vogel

der Käfer

der Pfau

die Schlange

der Frosch

der Tiger

der Leopard

Der größte Urwald der Welt liegt in Südamerika.

16

Tiere aus aller Welt

der Koala

das Reh

der Löwe

der Panda

die Giraffe

der Eisbär

Noch mehr Wörter

der Wal

der Pavian

die Fledermaus

der Adler

der Wolf

der Pelikan

der Fuchs

die Schildkröte

der Affe

der Pinguin

Wie viele Vögel sind auf dieser Seite?

Weißt du, wie viele Knochen ein Giraffenhals hat?

das Kamel

Der Elefant hat einen Rüssel.

der Elefant

das Zebra

der Bär

das Känguru

das Nashorn

der Delfin

Ein Giraffenhals hat genauso viele Knochen wie dein Hals!

das Feld

der Traktor

der Weizen

die Lämmer

der Hirtenhund

17 Auf dem Bauernhof

die Kuh

das Heu

das Pferd

das Huhn

die Entenküken

18 Das Meer

das Fischerboot

die Möwe

Das Segel ist gelb und lila.

das Segelboot

der Matrose

Noch mehr Wörter

- der Anker
- die Boje
- das Ruderboot
- die Fischerei
- der Hafen
- die Welle
- das Meer
- das See-pferdchen

Der Wal schwimmt **im Meer**.

der Wal

die Qualle

Weißt du, wie viel Fläche die Meere auf der Erde bedecken?

Welche Farbe hat das U-Boot?

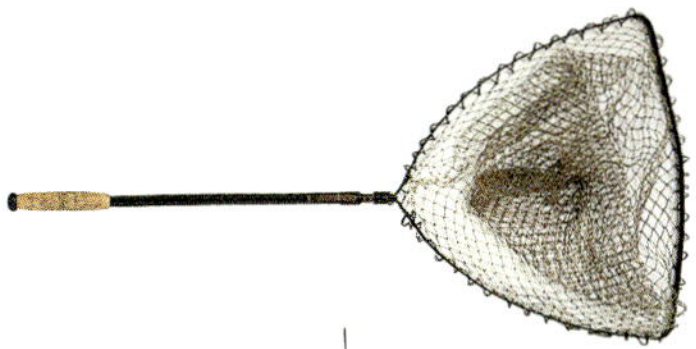

das Netz

das Schiff

der Leuchtturm

das Rettungsboot

die Flosse

der Fisch

Ein Hai hat viele Zähne.

der Hai

die Alge

das U-Boot

Die Weltmeere bedecken fast drei Viertel der Erdoberfläche.

Die Natur

19

Kennst du den Unterschied zwischen einer Kröte und einem Frosch?

Wie viele Seerosen siehst du im Teich? **?**

das Nest

Kaulquappen schwimmen **im Teich.**

die Kaulquappen

die Wespe

die Fliege

der Teich

die Eule

der Frosch

Noch mehr Wörter

das Wasser

der Lebensraum

das Unkraut

der Reiher

das Insekt

das Kaninchen

der Vogel

der Schmetter-ling

der Igel

Kröten haben gewöhnlich eine raue Haut, während Frösche eine glatte Haut haben.

Am Strand

der Eimer

die Schaufel

die Krabbe

die Muschel

die Kieselsteine

die Schwimmbrille

der Liegestuhl

der Sonnenhut

der Sand

die Sandburg

21 In der Schule

die Schere

die Buntstifte

die Tafel

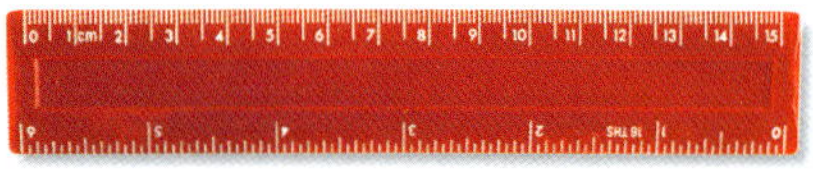

das Lineal

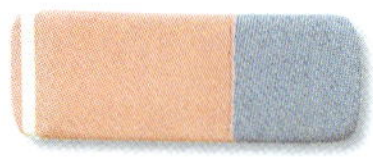

der Radiergummi

der Bleistift

der Füller

der Schreibtisch

Die Kinder sitzen im **Klassenzimmer** am **Schreibtisch**.

Noch mehr Wörter

das Alphabet

der Stuhl

zeichnen

schreiben

lesen

der Lehrer

das Klassen-zimmer

die Hausaufgaben

die Unterrichts-stunde

Weißt du, wie lang der längste Bleistift ist?

Das ist mein Essen in der **Brotdose**.

die Brotdose

Wie viele Bücher siehst du auf dieser Seite?

die Filzstifte

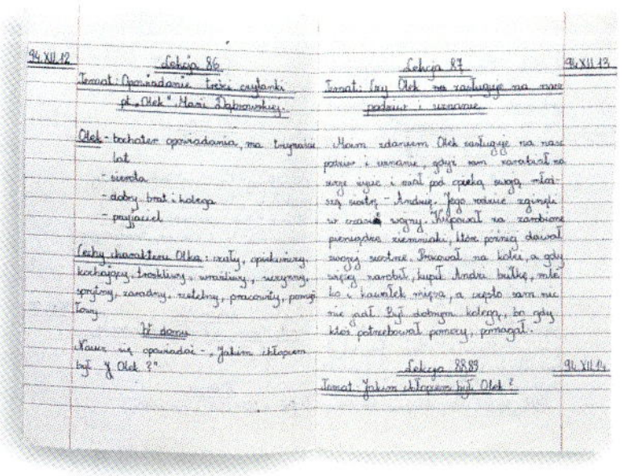

das Heft

die Schuluniform

Finde dein Land auf dem **Globus**.

der Globus

die Bücher

der Computer

22 Sportarten

Ich trage einen **Helm**.

der Helm

das Rad

Fahrrad fahren

Ski fahren

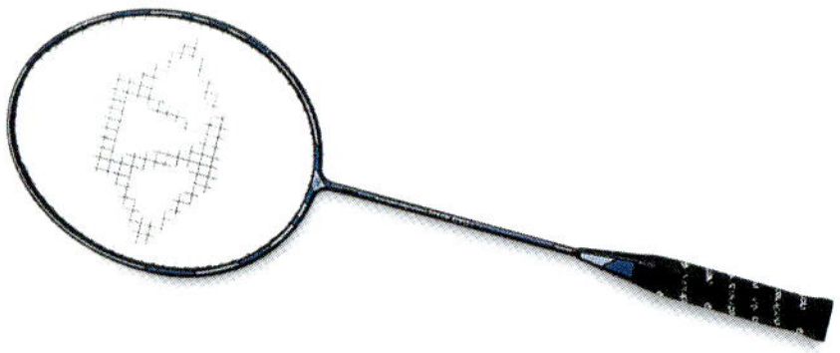

der Tennisschläger

Schlittschuh laufen

die Gymnastik

Wir **spielen** Basketball.

die Shorts

die Turnschuhe

Basketball

das T-Shirt

Golf

Franziska will ein **Tor schießen**.

Fußball

Weißt du, wie viele Sportarten es bei den Olympischen Sommerspielen gibt?

Noch mehr Wörter

Leichtathletik

Baseball

Hockey

Eishockey

Judo

Karate

schwimmen

die Übung

W as ist dein Lieblingssport?

segeln

tauchen

rudern

das Schlagholz

Rugby

laufen

reiten

Tennis

Bei den Olympischen Sommerspielen gibt es rund 28 verschiedene Sportarten.

Haustiere

Mein Hund heißt Bello.

der Welpe

Eine Schildkröte bewegt sich sehr langsam.

die Schildkröte

der Hamster

das Kaninchen

das Meerschweinchen

die Katze

die Goldfische

Welche Farben hat das Fell vom Meerschweinchen?

Weißt du, wie lange eine Katze am Tag schläft?

das Kätzchen

der Hund

der Wellensittich

der Papagei

die Maus

das Pferd

Noch mehr Wörter

der Käfig

der Kanarienvogel

die Kralle

die Flosse

die Feder

die Pfote

der Korb

der Tierarzt

Eine Katze schläft ungefähr 16 Stunden pro Tag.

24 Farben und Formen

Rot

Orange

Gelb

Grün

Blau

Lila

Rosa

Braun

Schwarz

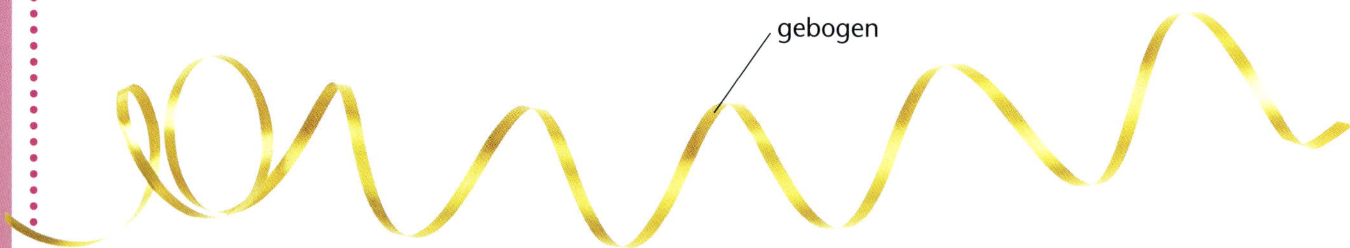

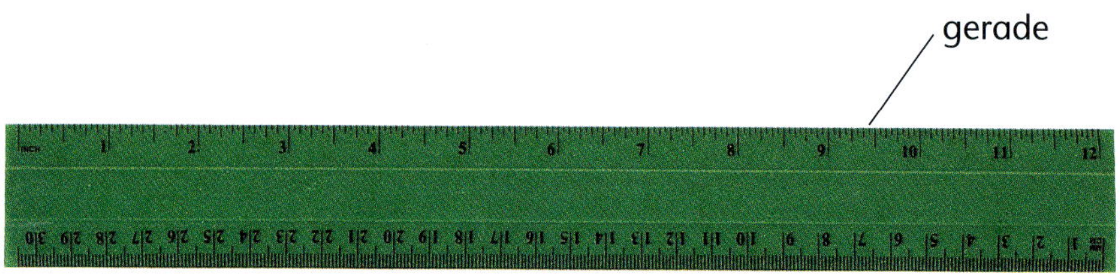

Was ist deine Lieblingsfarbe?

das Quadrat

der Kreis

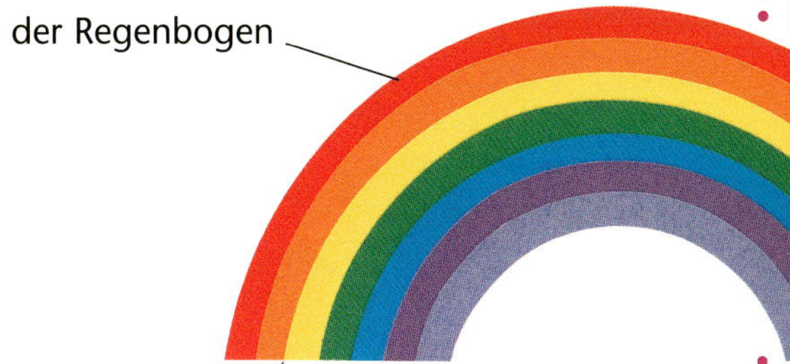

das Dreieck

die Raute

der Stern

das Rechteck

Noch mehr Wörter

Weiß

Grau

Dunkelblau

bunt

der Halbkreis

das Herz

oval

rund

der Würfel

die Kugel

Alle Farben sind eine Mischung aus den Grundfarben Rot, Gelb und Blau.

25 Gegensätze

offen

rau

glatt

nass

geschlossen

trocken

schmutzig

sauber

- leicht
- schwer
- neu
- voll
- leer
- schnell
- langsam
- alt
- jung

Magst du lieber heiße oder kalte Getränke?

kalt

heiß

Der **Kürbis** ist fett.

fett

Die **Bohne** ist dünn.

dünn

weich

hart

Die Sonnenblume ist **lang**.

lang

Diese Blume ist **kurz**.

kurz

klein

groß

Die meisten Kürbisse sind orange, aber es gibt auch weiße und blaue!

Das Wetter

der Schneemann

der Schnee

die Mütze

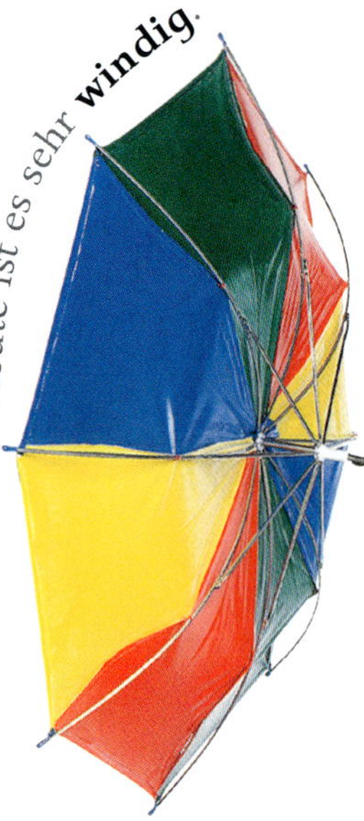

der Regenschirm

der Herbst

der Winter

die Schneeflocken

der Regen

die Wolke

der Regenbogen

die Sonnenbrille

die Kappe

Wörterliste

Dies ist eine alphabetische Liste wichtiger deutscher Wörter mit einigen verwandten Beispielwörtern. Die Substantive (Namenwörter) sind jeweils in Einzahl und Mehrzahl angegeben. Substantive können weiblich, männlich oder neutral sein. Steht *der* davor, ist das Wort männlich, bei *die* ist es weiblich und bei das neutral. Die Verben (Tunwörter) haben ein eigenes Kapitel.

A

der Apfel

der Abend
die Abende
Guten Abend!

das Abendessen
die Abendessen

das Abenteuer
die Abenteuer
abenteuerlich

aber

der Abfalleimer
die Abfalleimer

der Abwasch
abwaschen

der Adler
die Adler
das Adlerauge

die Adresse
die Adressen
adressieren

der Affe
die Affen
der Affenzirkus

die Alge
die Algen

alle
allesamt
am allerbesten
vor allem

allein
alleinerziehend

alles
alles andere

das Alphabet
die Alphabete
alphabetisch

alt
alt sein
altmodisch
das Altpapier

die Ameise
die Ameisen
der Ameisenbär
der Ameisen-
haufen

die Ampel
die Ampeln
die Ampel-
kreuzung
die Fußgänger-
ampel

an
an der Wand
an und für sich

die Ananas
die Ananas oder:
die Ananasse

andere, -r, -s
eine andere
etwas anderes
kein anderer

anders
anders sein
andersartig

der Anker
die Anker
Anker lichten
ankern
vor Anker gehen

die Ankunft
die Ankunftszeit

die Ampel

die Antwort
die Antworten
antworten
Frage und Antwort

der Anzug
die Anzüge

der Apfel
die Äpfel
der Apfelbaum
der Apfelsaft
die Pferdeäpfel

die Apotheke
die Apotheken
der Apotheker
die Apothekerin

die Arbeit
die Arbeiten
arbeiten
arbeitslos

der Ärger
ärgerlich
ärgern
das Ärgernis

arm
Arm und Reich
ärmlich
die Armut

der Arm
die Arme
in den Arm
nehmen

das Armband
die Armbänder

die Armbanduhr
die Armbanduhren

der Ärmel
die Ärmel
langärmelig
ärmellos

die Arznei
die Arzneien
das Arzneimittel

der Arzt
die Ärzte
der Arzttermin

die Ärztin
die Ärztinnen

die Arztpraxis
die Arztpraxen

der Ast
die Äste
die Astgabel
das Astloch

der Astronaut
die Astronauten

die Astronautin
die Astronautinnen

der Atlas
die Atlanten oder:
die Atlasse

auch
auch nicht

auf
auf dem Tisch
auf und davon

aufgeregt
aufgeregt sein
aufregend

der Aufkleber
die Aufkleber
aufkleben

der Aufzug
die Aufzüge

das Auge
die Augen
die Augenfarbe
augenzwinkernd
im Augenwinkel

die Augenbraue
die Augenbrauen

der Ausgang
die Ausgänge
der Notausgang

die Ausrüstung
die Ausrüstungen
ausrüsten

das Aussehen
aussehen

der Astronaut

außerhalb
außerhalb von

äußerst
äußerst schwierig

das Auto
die Autos
Auto fahren
der Autofahrer
der Autoschlüssel

die Autobahn
die Autobahnen
die Autobahn-
brücke
die Autobahn-
raststätte

die Avocado
die Avocados

die Avocado

B

der Baum

das Baby
die Babys

die Bäckerei
die Bäckereien
backen

der Badeanzug
die Badeanzüge

die Badehose
die Badehosen

die Badewanne
die Badewannen
baden

der Bär

das Badezimmer
die Badezimmer

der Bahnhof
die Bahnhöfe
die Bahnhofshalle

der Bahnsteig
die Bahnsteige
die Bahnsteigkante

bald
so bald wie möglich

der Balkon
die Balkone oder:
die Balkons
die Balkonpflanze

der Ball
die Bälle
Ball spielen
das Ballspiel

der Balletttänzer
die Balletttänzer

die Balletttänzerin
die Ballett-tänzerinnen

die Banane
die Bananen
die Bananenschale

die Bank
die Bänke
die Parkbank
die Sitzbank

die Bank (Geld)
die Banken
das Bankkonto
der Banküberfall

der Bär
die Bären
der Bärenhunger
bärenstark

der Bart
die Bärte
der Vollbart

Baseball
Baseball spielen

Basketball
Basketball spielen

die Batterie
die Batterien
batteriebetrieben

der Bauch
die Bäuche
der Bauchnabel
das Bauchweh

der Bauer
die Bauern

die Bäuerin
die Bäuerinnen

der Bauernhof
die Bauernhöfe

der Bauklotz
die Bauklötze

der Baum
die Bäume
der Baumstamm
der Obstbaum

der Becher
die Becher
becherförmig

die Bedeutung
die Bedeutungen
bedeuten
bedeutend

begeistert
begeistert sein
die Begeisterung
sich begeistern

die Birne

behindert
die Behinderung

bei
nahe bei

das Bein
die Beine
das Hosenbein

das belegte Brot
die belegten Brote

beliebt
beliebt sein

das Benzin
der Benzinkanister

bequem
die Bequemlichkeit
sich bequemen

bereit
bereit sein
die Bereitschaft

der Berg
die Berge
der Berggipfel
bergig

berühmt
berühmt sein
die Berühmtheit

beschäftigt
beschäftigt sein
(sich) beschäftigen

die Beschäftigung
die Beschäfti-gungen

der Besen
die Besen
besenrein
der Besenstiel

besondere, -r, -s
das Besondere

besser
der Besserwisser
die Besserwisserin
sich bessern

beste, -r, -s
am besten

das Bett
die Betten
das Kinderbett

die Bettdecke
die Bettdecken

bevorzugt
bevorzugen

die Biene
die Bienen
der Bienenhonig
die Bienenkönigin
der Bienenstich

das Bild
die Bilder
der Bildhauer
die Bildhauerin

der Bildschirm
die Bildschirme
der Bildschirm-
schoner

billig
der Billigflieger

die Birne
die Birnen
der Birnbaum
die Glühbirne

bis
bis jetzt
bis zum Ende

bitte
die Bitte
Bitte schön!
bitten

die Blase
die Blasen
blasen
die Seifenblase

das Blatt
die Blätter
blättern

blau
blauäugig
das Blaulicht
die Farbe Blau

der Bleistift
die Bleistifte
der Bleistiftspitzer

der Blitz
die Blitze
der Blitzableiter
blitzschnell

blond
die Blondine

die Blume
die Blumen
der Blumenkohl
der Blumenstrauß

**die Blumen-
zwiebel**
die Blumen-
zwiebeln

die Bluse
die Blusen
die Seidenbluse

das Blut
der Blutdruck
bluten
der Bluterguss
blutig

die Bohne
die Bohnen
der Bohneneintopf
die Bohnenstange

die Boje
die Bojen

**das Bonbon oder:
der Bonbon**
die Bonbons

das Boot
die Boote
der Bootsführer
das Segelboot

braun
braun gebrannt
braunäugig
die Farbe Braun

das Brettspiel
die Brettspiele

der Brief
die Briefe
das Briefgeheimnis
das Briefpapier
die Brieftaube

der Briefkasten
die Briefkästen

die Briefmarke
die Briefmarken

der Briefumschlag
die Briefumschläge

die Brille
die Brillen
das Brillenetui
die Sonnenbrille

das Brot
die Brote
der Brotkorb
das Mischbrot

das Brötchen
die Brötchen

die Brotdose
die Brotdosen

die Brücke
die Brücken
das Brücken-
geländer

der Bruder
die Brüder
brüderlich
sich verbrüdern

der Brunnen
die Brunnen
der Springbrunnen

das Buch
die Bücher
das Bücherregal

die Bücherei
die Büchereien

der Buchladen
die Buchläden

bunt
die Buntwäsche
kunterbunt

A B C D E F G H I J K L M N O P Q R S T U V W X Y Z

der Buntstift
die Buntstifte

die Burg
die Burgen
die Burgruine

der Bürgersteig
die Bürgersteige

das Büro
die Büros
das Bürogebäude

die Bürste
die Bürsten
bürsten

der Bus
die Busse
die Buslinie

der Busch
die Büsche
buschig

der Busfahrer
die Busfahrer

die Busfahrerin
die Busfahrerinnen

die Bushaltestelle
die Bushaltestellen

die Butter
die Buttermilch
butterweich

C

das Café
die Cafés

die CD
die CDs
der CD-Brenner
das CD-Cover

der CD-Spieler
die CD-Spieler

die Chips
die Chipstüte

der Clown
die Clowns
der Clownfisch
das Clownsgesicht

der Comic
die Comics
die Comicfigur
das Comicheft

der Computer
die Computer

das Computerspiel
die Computerspiele

der Cousin
die Cousins

die Cousine
die Cousinen

der Cowboy
die Cowboys
der Cowboyhut
die Cowboystiefel
das Cowgirl

D

das Dach
die Dächer
der Dachdecker
die Dachwohnung
das Hausdach

der Dachboden
die Dachböden

dagegen
dagegen sein

der Dampf
die Dämpfe
dampfen
der Dampfer

danke
vielen Dank

dann
dann und wann

das Datum
die Daten

der Daumen
die Daumen
daumenbreit
das Daumenkino

die Decke
die Decken
die Abdeckung
zudecken

der Deckel
die Deckel

dein(e)
dein Bruder
deine Schwester

die Dekoration
die Dekorationen
dekorativ
dekorieren

der Delfin
die Delfine

der, die, das

deutsch
Deutsch lernen
der Deutsch-
unterricht

Deutschland
der Deutsche
die Deutsche
die Deutschen

dick
der Dickhäuter
der Dickkopf
durch dick und
dünn

der Computer

der Drachen

diese, -r, -s

digital
digitalisieren
die Digitalkamera
die Digitaluhr

das Ding
die Dinge

der Dinosaurier
die Dinosaurier

die Disco
die Discos
der Discjockey

das Dorf
die Dörfer
der Dorfteich

dort
dort drüben
dortbleiben

der Drache
die Drachen

der Drachen
die Drachen
der Drachenflieger
der Lenkdrachen

draußen
draußen vor der Tür

dreckig
der Dreck
der Dreckspatz

das Dreieck
die Dreiecke
dreieckig

drinnen

der Dschungel
der Dschungelpfad

du
duzen
mit Du anreden
wie du und ich

dumm
die Dummheit
dummerweise

dunkel
die Dunkelheit
die Dunkelkammer
verdunkeln

dunkelblau

dünn
der Dünndarm
sich dünn machen

durch
ab durch die Mitte
durcheinander

durstig
der Durst
durststillend

die Dusche
die Duschen
duschen
die Duschkabine

das Duschgel
die Duschgele
oder: die Duschgels

die DVD
die DVDs

der DVD-Spieler
die DVD-Spieler

E

das Ei

echt
die Echtheit

die Ecke
die Ecken
eckig
der Eckzahn

der Edelstein
die Edelsteine
edelsteinbesetzt

die Ehefrau
die Ehefrauen

der Ehemann
die Ehemänner

das Ei
die Eier
die Eierschale
das Eigelb
das Eiweiß

das Eichhörnchen
die Eichhörnchen

die Eidechse
die Eidechsen

eigene, -r, -s
das Eigentum

der Eimer
die Eimer
der Farbeimer

ein(e)

einfach
am einfachsten
das Einfachste

der Eingang
die Eingänge
die Eingangstür

einige
einige Male

der Einkauf
die Einkäufe
einkaufen
der Einkaufsbummel

die Einkaufsliste
die Einkaufslisten

die Einkaufstasche
die Einkaufstaschen

der Einkaufswagen
die Einkaufswagen

die Eidechse

A B C D E F G H I J K L M N O P Q R S T U V W X Y Z

die Eiscreme

die Einladung
die Einladungen
einladen
die Einladungs-
karte

die Eintrittskarte
die Eintrittskarten
eintreten
der Eintritt

das Eis
der Eisbecher
die Eiszeit

der Eisbär
die Eisbären

die Eiscreme

Eishockey
Eishockey spielen
das Eishockey-
Länderspiel

der Eiswürfel
die Eiswürfel

der Elefant
die Elefanten
der Elefantenbulle
die Elefantenkuh

elektrisch
die elektrische
Eisenbahn
die Elektrizität

der Ellbogen
die Ellbogen
die Elle

die Eltern
der Elternabend
das Elternhaus
elternlos

die E-Mail
die E-Mails
emailen

die E-Mail-Adresse
die E-Mail-
Adressen

das Ende
die Enden
endgültig
endlos
zu Ende sein

eng
eng befreundet
die Enge
zu eng

England
der Engländer
die Engländerin

englisch
Englisch lernen
englischsprachig

die Ente
die Enten
die Entenfeder
der Ententeich
der Enterich

das Entenküken
die Entenküken

er
er kommt mit

die Erbse
die Erbsen
erbsengroß
die Erbsensuppe

die Erdbeere
die Erdbeeren
das Erdbeereis

die Erde
der Erdball
das Erdöl
der Erdteil

Erdkunde
der Erdkunde-
unterricht

die Erdnuss
die Erdnüsse
die Erdnussbutter
die Erdnussflips

die Erkältung
die Erkältungen
erkältet sein
sich erkälten

erstaunlich
das Erstaunen
erstaunlicherweise
erstaunt sein

erste, -r, -s
als Erste/Erster
erst mal
erstens

die erste Hilfe
die Erste-Hilfe-
Ausrüstung

der Erwachsene
die Erwachsenen
erwachsen sein

die Erwachsene
die Erwachsenen

es
es war einmal

es gibt

die Eule

das Essen
die Essen
essbar
essen
der Esstisch

das Esszimmer
die Esszimmer

etwas
etwas anderes
etwas Gutes

euer, eure
euretwegen

die Eule
die Eulen

die Explosion
die Explosionen
explosiv

die Erdbeere

F

das Faschingskostüm

die Fabrik
die Fabriken
das Fabrik-gebäude

die Fahne
die Fahnen

die Fähre
die Fähren

der Fahrer
die Fahrer
der Fahrersitz

die Fahrerin
die Fahrerinnen

der Fahrgast
die Fahrgäste

die Fahrkarte
die Fahrkarten
der Fahrkarten-automat

der Fahrplan
die Fahrpläne
fahrplanmäßig

das Fahrrad
die Fahrräder
Fahrrad fahren

falsch
fälschen
das Falschgeld

die Familie
die Familien
das Familienfest

fantastisch
die Fantasie
fantasieren

die Farbe
die Farben
farbenblind
farbig

der Farbtopf
die Farbtöpfe

das Faschings-kostüm
die Faschings-kostüme
der Fasching

fast
fast so groß wie

faul
faulenzen
die Faulheit
der Faulpelz

der Fausthand-schuh
die Fausthand-schuhe

die Feder
die Federn
federleicht

Federball
Federball spielen

das Feder-mäppchen
die Feder-mäppchen

die Fee
die Feen

der Fehler
die Fehler
fehlerfrei

das Feld
die Felder
der Feldsalat
das Weizenfeld

das Fell
die Felle
die Fellmütze
das Hasenfell

der Fels
die Felsen
der Felsbrocken
felsig

das Fenster
die Fenster
die Fensterbank
der Fensterplatz

die Ferien
die Ferienzeit
die Sommerferien

die Fernbedienung
die Fern-bedienungen

das Fahrrad

A B C D E F G H I J K L M N O P Q R S T U V W X Y Z

das Fernglas
die Ferngläser

das Fernrohr
die Fernrohre

der Fernseher
die Fernseher
fernsehen

fertig
fertig sein
fertigstellen
fix und fertig

fest
festhalten
die Festung

das Fest
die Feste
das Festessen
festlich

die Festplatte
die Festplatten

der Festumzug
die Festumzüge

fett
einfetten
das Fett
fettig

das Feuer
die Feuer
der Feuerlöscher
das Feuerwerk

das Feuerwehrauto
die Feuerwehr-autos

der Feuerwehr-mann
die Feuerwehr-männer
die Feuerwehrfrau

der Film
die Filme
filmen
die Filmmusik

der Filmstar
die Filmstars

der Filzstift
die Filzsifte

der Finger
die Finger
der Fingerabdruck
fingerbreit

der Fisch
die Fische
fischen
die Fischstäbchen

das Fischerboot
die Fischerboote

die Fischerei
die Hochsee-fischerei

fit
das Fitnessstudio

flach
der Flach-bildschirm

die Flasche
die Flaschen
der Flaschenöffner
die Flaschenpost

der Fleck
die Flecken
fleckig

die Fledermaus
die Fledermäuse

die Fleecejacke
die Fleecejacken

das Fleisch
die Fleischerei
fleischfressend
fleischig

die Fliege
die Fliegen
fliegen
das Fliegengewicht

die Flosse
die Flossen

die Flöte
die Flöten
Flöte spielen
flöten

der Flügel
die Flügel

der Flughafen
die Flughäfen

die Fledermaus

das Flugzeug
die Flugzeuge

der Flur
die Flure
der Hausflur

der Fluss
die Flüsse
die Flussmündung
das Flusspferd

das Flussufer
die Flussufer

die Flut
die Fluten
fluten
die Flutwelle

die Form
die Formen
formen

das Foto
die Fotos
das Fotoalbum

das Fernglas

das Flugzeug

der Fotoapparat
die Fotoapparate

die Frage
die Fragen
fragen
das Fragezeichen

Frankreich
der Franzose
die Französin

französisch
Französisch lernen

die Frau
die Frauen
frauenfeindlich
der Frauenfußball

frech
frech sein
die Frechheit

die Freiheit
die Freiheiten

die Freizeit
die Freizeit-
beschäftigung

der Freund
die Freunde
sich anfreunden
die Freundschaft

die Freundin
die Freundinnen

freundlich
freundlicherweise
die Freundlichkeit

der Frieden
die Friedenspfeife
der Friedens-
vertrag

friedlich
die Friedlichkeit

frisch
frisch gestrichen
der Frischkäse
sich erfrischen

der Friseur
die Friseure
der Friseursalon

die Friseurin
die Friseurinnen

der Frosch
die Frösche
das Froschhüpfen
der Laubfrosch

früh
früh am Morgen
frühestens
in aller Frühe

der Frühling
frühlingshaft
das Frühlings-
wetter

das Frühstück
frühstücken

der Fuchs
die Füchse

der Füller
die Füller
der Füllfederhalter

für
für ihn, für sie
das Fürwort

der Fuß
die Füße
der Fußgänger
die Fußgängerin
zu Fuß gehen

der Fußball
die Fußbälle
der Lederfußball

Fußball (Spiel)
Fußball spielen
die Fußball-
mannschaft

der Fußboden
die Fußböden
der Holzfußboden

das Futter
füttern
das Hundefutter

der Frosch

der Fußball

G

das Gänseblümchen

die Gabel
die Gabeln
der Gabelstapler
die Mistgabel

das Gänseblümchen
die Gänseblümchen

die Garage
die Garagen
das Garagentor

der Garten
die Gärten
der Gartenzaun
der Gartenzwerg

die Gartenarbeit
die Gartenarbeiten

der Gärtner
die Gärtner
gärtnern

die Gärtnerin
die Gärtnerinnen

das Gas
die Gase
der Gasherd
das Gaspedal

das Gebäude
die Gebäude

das Gebiet
die Gebiete
gebietsweise

der Geburtstag
die Geburtstage
das Geburtstagsgeschenk

die Geburtstagskarte
die Geburtstagskarten

der Geburtstagskuchen
die Geburtstagskuchen

geduldig
die Geduld
geduldig sein
sich gedulden

die Gefahr
die Gefahren
gefährden

gefährlich
die Gefährlichkeit
gefahrlos

der Gefrierschrank
die Gefrierschränke
gefrieren

der Gegensatz
die Gegensätze
gegensätzlich

gegenüber
dem Haus gegenüber

die Geige

die Geldbörse

das Gehirn
die Gehirne
die Gehirnerschütterung

die Geige
die Geigen
Geige spielen
der Geigenkasten

gelb
die Farbe Gelb
die Gelbsucht

das Geld
die Gelder
Geld wechseln
der Geldautomat

die Geldbörse
die Geldbörsen

das Gemüse
die Gemüse
das Gemüsebeet
die Gemüsesuppe

genug
genug ist genug
genug vorhanden

das Gepäck
der Gepäckträger

der Gepard
die Geparde

gerade
gerade eben
geradeaus
geradebiegen

der Geruch
die Gerüche
geruchlos
das Geruchsorgan

der Gesang
die Gesänge
das Gesangbuch

das Geschäft (die Angelegenheit)
die Geschäfte
geschäftig
der Geschäftspartner

das Geschäft (der Laden)
die Geschäfte
das Spielzeuggeschäft

das Geschenk
die Geschenke
das Geschenkpapier

die Geschichte
die Geschichten
das Geschichtsbuch
der Geschichtslehrer

geschieden
der Geschiedene
die Geschiedene
die Scheidung

das Geschirr
die Geschirrspülmaschine

das Geschirrtuch
die Geschirrtücher

das Gesetz
die Gesetze
gesetzlich

das Gesicht
die Gesichter
der Gesichtsausdruck
die Gesichtsfarbe

das Gespenst
die Gespenster
die Gespensterstunde
gespenstisch

die Gießkanne

gestern
gestern Abend
gestern früh
vorgestern

gesund
gesund sein
die Gesundheit

das Getränk
die Getränke
der Getränke-
automat

das Getreide
die Getreide
die Getreideart

das Gewächshaus
die Gewächshäuser
das Gewächs

das Gewicht
die Gewichte
der Gewichtheber

das Gewitter
die Gewitter
gewittern
die Gewitterwolke
gewittrig

gewöhnlich
für gewöhnlich

die Gießkanne
die Gießkannen

die Giraffe
die Giraffen
der Giraffenhals

die Gitarre
die Gitarren
Gitarre spielen

glänzend
der Glanz
glänzen

das Glas
die Gläser
das Milchglas

glatt
die Glätte
das Glatteis
glätten

das Gleiche
gleich
gleich groß
gleichzeitig

der Gletscher
die Gletscher
der Gletschersee

der Globus
die Globen oder:
die Globusse

die Gitarre

die Glocke
die Glocken
die Glockenblume
das Glockenspiel

glücklich
das Glück
glücklich sein
glücklicherweise

das Gold
golden
die Goldmedaille

der Goldfisch
die Goldfische
das Goldfischglas

Golf
Golf spielen
golfen

der Gorilla
die Gorillas

das Gras
die Gräser
grasen
grasgrün

grau
die Farbe Grau
das Graubrot
gräulich

groß
der Größte
die Größte
großschreiben

großartig
du bist großartig

der Globus

Großbritannien

die Größe
die Größen
die Schuhgröße

die Großeltern

die Großmutter
die Großmütter

der Großvater
die Großväter

grün
die Farbe Grün
grasgrün
grünäugig

die Grundfarbe
die Grundfarben

die Gruppe
die Gruppen
die Gruppenarbeit
gruppenweise

der Gürtel
die Gürtel
das Gürteltier
der Ledergürtel

gut
gut gehen
gut gelaunt
Gute Nacht!

die Gymnastik
der Gymnastik-
unterricht

A B C D E F G H I J K L M N O P Q R S T U V W X Y Z

H

die Halskette

das Haar
die Haare
die Haarfarbe
haargenau
haarsträubend

die Haarbürste
die Haarbürsten

der Hafen
die Häfen
die Hafenpolizei

der Hai
die Haie
der Haifisch
der Walhai

der Halbkreis
die Halbkreise

die Hälfte
die Hälften

der Hals
die Hälse
der Schwanenhals

das Halsband
die Halsbänder

die Halskette
die Halsketten

die Hals-schmerzen

der Hammer
die Hammer
hämmern
der Holzhammer

der Hamster
die Hamster
hamstern

die Hand
die Hände
handlich
der Handstand

der Handschuh
die Handschuhe
der Faust-handschuh

die Handtasche
die Handtaschen

das Handtuch
die Handtücher
der Handtuch-halter

das Handy
die Handys
die Handynummer

hart
hart gekocht
hart sein
die Härte

der Hamster

der Hase
die Hasen
das Häschen
der Osterhase

hässlich
das hässliche Entlein
die Hässlichkeit

hauptsächlich
die Hauptsache

die Hauptstadt
die Hauptstädte
die Kultur-hauptstadt

das Haus
die Häuser
der Haushalt
haushoch

die Hausaufgabe
die Hausaufgaben
Hausaufgaben machen

der Hausschuh
die Hausschuhe

das Haustier
die Haustiere

die Haustür
die Haustüren
der Haustür-schlüssel

die Haut
die Häute
sich häuten
hauteng

das Heft
die Hefte
abheften
der Hefter

heiß
heiß begehrt
der Heißhunger

die heiße Schokolade
die heißen Schokoladen

die Handtasche

der Heißluft-ballon
die Heißluftballons

der Held
die Helden
heldenhaft
die Heldentat

hell
die Helle
der Hellseher
hellwach

hellblau

der Helm
die Helme
der Fahrradhelm

das Hemd
die Hemden
der Hemdkragen
das Oberhemd

der Herbst
der Herbstanfang
herbstlich
der Herbsttag

der Herd
die Herde
der Elektroherd
die Herdplatte

die Herde
die Herden
die Schafherde

hervorragend
hervorragen

das Herz
die Herzen
der Herzenswunsch
herzlich
von Herzen

das Heu
die Heuernte
der Heuschnupfen

die Heuschrecke
die Heuschrecken
die Heuschrecken-plage

heute
für heute
heute Abend
heutzutage

die Hilfe
der Hilferuf
hilflos
hilfsbereit

die Himbeere
die Himbeeren
die Himbeer-marmelade

der Himmel
die Himmel
die Himmels-richtung
himmlisch

der Honig

hinauf
hinaufsteigen

hinter
die hintere Reihe
hintereinander
hinterher
das Hinterrad

der Hintern
die Hintern

hinunter
hinunterfallen

der Hirsch
die Hirsche
das Hirschgeweih
die Hirschkuh

der Hirtenhund
die Hirtenhunde
der Hirte
die Hirtin

die Hitze
Hitzefrei haben
die Hitzewelle
die Sommerhitze

das Hobby
die Hobbys

hoch
hochnäsig
der Hochsprung
die Höhe

die Hochzeit
die Hochzeiten
das Hochzeitskleid
die Hochzeitsreise

Hockey
Hockey spielen
der Hockey-schläger

die Höhle
die Höhlen
aushöhlen
die Höhlenmalerei

das Holz
die Hölzer
abholzen
der Holzwurm

der Hut

der Honig
der Bienenhonig
die Honigbiene
honigsüß

die Hose
die Hosen
die Hosenträger
die Jeanshose

die Hosentasche
die Hosentaschen

das Hotdog
oder: der Hotdog
die Hotdogs

das Hotel
die Hotels
das Hotelzimmer

hübsch
hübsch sein

der Hubschrauber
die Hubschrauber
der Rettungs-hubschrauber

die Hüfte
die Hüften
hüfthoch
der Hüftschwung

der Hügel
die Hügel
hügelig

das Huhn
die Hühner
das Hühnerei
der Hühnerstall

der Hund
die Hunde
hundemüde
der Schäferhund

das Hundefutter

hungrig
der Hunger
Hunger haben
hungern
hungrig sein

der Husten
husten
der Hustensaft

der Hut
die Hüte
der Strohhut

die Hütte
die Hütten
die Holzhütte
die Skihütte

A B C D E F G H I J K L M N O P Q R S T U V W X Y Z

I

ich
du und ich

der Igel
die Igel
sich einigeln

ihr
Seid ihr da?

ihr(e)
ihr Name
ihre Ideen

immer
für immer
immer wieder
immerzu

in
in dem Haus
ineinander

innen
innen und außen
die Innenstadt

das Insekt
die Insekten
die Insektenplage
der Insektenstich

die Insel
die Inseln
die Inselgruppe
die Urlaubsinsel

das Instrument
die Instrumente
das Blasinstrument

interessant
interessant sein
das Interesse
sich interessieren

irgendetwas
irgendjemand

J

die Jeans

die Jacke
die Jacken

der Jaguar
die Jaguare

das Jahr
die Jahre
jahrelang
das Jahrhundert
jährlich

die Jahreszeit
die Jahreszeiten

der Jahrmarkt
die Jahrmärkte

die Jeans
die Jeans
der Jeansrock

jede, -r, -s
jedes Mal

jedermann
nicht jedermanns Sache

jemand
irgendjemand
jemand anders

jene, -r, -s
dies und jenes

jetzt
ab jetzt
bis jetzt

der Joghurt
oder: das Joghurt
die Joghurts
der Joghurtbecher

das Judo
der Judogriff
der Judoka

jung
jung sein
Jung und Alt

der Junge
die Jungen
jungenhaft

der Junge

K

das Känguru

der Käfer
die Käfer

der Kaffee
Kaffee trinken
die Kaffeebohne

der Käfig
die Käfige

das Kalb
die Kälber
kalben

kalt
bitterkalt
die Kälte
sich erkälten

das Kamel
die Kamele

der Kamin
die Kamine
der Kaminkehrer

der Kamm
die Kämme
sich kämmen

der Kanarienvogel
die Kanarienvögel

das Känguru
die Kängurus

das Kaninchen
die Kaninchen

das Kanu
die Kanus
Kanu fahren

die Kappe
die Kappen
das Käppi

kaputt
kaputt machen
kaputt sein
kaputtgehen

die Kapuze
die Kapuzen
der Kapuzen-
pullover

das Karate
der Karate-
kämpfer

die Karotte
die Karotten

die Karte
die Karten
das Kartenspiel

die Kartoffel
die Kartoffeln
der Kartoffelbrei
die Kartoffelchips

das Karussell
die Karussells oder:
die Karusselle
Karussell fahren

der Käse
der Käsekuchen
käseweiß

die Kasse
die Kassen
kassieren

der Kassenzettel
die Kassenzettel

die Kassette
die Kassetten
der Kassetten-
rekorder

das Kätzchen
die Kätzchen

die Katze
die Katzen
ein Katzensprung
die Katzenwäsche

der Käufer
die Käufer
kaufen

die Käuferin
die Käuferinnen

die Kaulquappe
die Kaulquappen

der Keks
die Kekse
die Keksdose

der Keller
die Keller
die Kellertreppe

der Kellner
die Kellner
kellnern

der Kiefernzapfen

die Kellnerin
die Kellnerinnen

der Kern
die Kerne
das Kerngehäuse
kerngesund

die Kerze
die Kerzen
kerzengerade
der Kerzenständer

der Kiefernbaum
die Kiefernbäume
das Kiefernholz

der Kiefernzapfen
die Kiefernzapfen

der Kieselstein
die Kieselsteine

der Kilometer
die Kilometer
der Kilometer-
zähler

das Kind
die Kinder
der Kindergarten
die Kindheit
kindisch

die Kinderkrippe
die Kinderkrippen

der Kinderwagen
die Kinderwagen

das Kinn
die Kinne
der Kinnhaken

das Kino
die Kinos

die Kirche
die Kirchen
die Kirchenglocke
der Kirchturm

das Kissen
die Kissen
die Kissenschlacht
das Kopfkissen

klar
alles klar
klären
die Klarheit

die Klassenarbeit
die Klassen-
arbeiten

das Klassenzimmer
die Klassenzimmer

das Klavier
die Klaviere
Klavier spielen
der Klavier-
unterricht

der Klebstoff
die Klebstoffe
kleben
klebrig

das Kleid
die Kleider
das Sommerkleid

der Kleiderbügel
die Kleiderbügel

der Kleiderschrank
die Kleider-
schränke

die Kleidung
das Kleidungsstück

klein
etwas Kleines
klein schneiden
die Kleinigkeit
kleinlich

die Klippe
die Klippen

der Kompass

klug
klug sein
die Klugheit

das Knie
die Knie
kniehoch
die Kniekehle
knien

der Knochen
die Knochen
knochentrocken

der Knopf
die Knöpfe
knöpfen
das Knopfloch

der Knoten
die Knoten
knoten

der Koala
die Koalas

die Königin

der Koch
die Köche
kochen

die Köchin
die Köchinnen

der Kochtopf
die Kochtöpfe

der Koffer
die Koffer
der Kofferraum

der Kohl
der Kohlkopf
die Kohlroulade

der Kolibri
die Kolibris

die Kommode
die Kommoden

der Kompass
die Kompasse
die Kompassnadel

der König
die Könige
königlich

die Königin
die Königinnen

das Konzert
die Konzerte
das Rockkonzert

der Kopf
die Köpfe
köpfen
kopfüber
sich etwas in den Kopf setzen

das Kopfkissen
die Kopfkissen

der Kopfsalat
die Kopfsalate

die Kopf-schmerzen
die Kopfschmerz-tablette

der Korb
die Körbe
der Brotkorb

der Körper
die Körper
körperbehindert
körperlich
der Körperteil

köstlich
kosten
die Köstlichkeit

das Kostüm
die Kostüme
das Kostümfest
kostümieren

die Krabbe
die Krabben
der Krabbenkutter

der Kragen
die Kragen
der Hemdkragen

die Kralle
die Krallen
die Vogelkralle

der Kranich
die Kraniche

krank
krank sein
der Kranke
die Kranke

das Krankenhaus
die Krankenhäuser

die Kranken-schwester
die Kranken-schwestern

der Kranken-wagen
die Krankenwagen

die Krankheit
die Krankheiten

die Krawatte
die Krawatten

die Kreide
die Kreiden
kreidebleich

die Krone

der Kreis
die Kreise
kreisen
der Kreislauf

die Kreuzung
die Kreuzungen
das Kreuz
kreuzen
die Straßen-kreuzung

der Krieg
die Kriege
Krieg führen
kriegerisch

das Krokodil
die Krokodile

die Krone
die Kronen
krönen

die Kröte
die Kröten
die Kröten-wanderung

der Krug
die Krüge
der Milchkrug

die Küche
die Küchen
der Küchentisch

der Kuchen
die Kuchen
die Kuchenform
der Kuchenteig

die Kugel
die Kugeln
der Kugelschreiber

die Kuh
die Kühe
die Kuhmilch

kühl
die Kühle
kühlen

der Kühlschrank
die Kühlschränke

das Küken
die Küken

der Kunde
die Kunden

die Kundin
die Kundinnen

die Kunst
die Künste
das Kunststück
das Kunstwerk

der Künstler
die Künstler

die Künstlerin
die Künsterinnen

der Kürbis
die Kürbisse

die Kurve
die Kurven
kurvig

kurz
kürzen
kurzsichtig

der Kuss
die Küsse
küssen

die Küste
die Küsten

der Kürbis

L

der Liegestuhl

der Laden
die Läden
der Ladendieb
der Ladenhüter

das Lamm
die Lämmer
das Lammfell
lammfromm

die Lampe
die Lampen
das Lampenfieber
der Lampenschirm

das Land
die Länder
ländlich
die Landschaft

die Landkarte
die Landkarten

die Landstraße
die Landstraßen

lang
der Langlauf
länglich

langsam
die Langsamkeit

langweilig
die Langeweile

der Laptop
die Laptops

der Lastwagen
die Lastwagen

der Läufer
die Läufer

die Läuferin
die Läuferinnen

laut
der Laut
laut sein
lautlos
die Lautstärke

das Leben
die Leben
lebendig
das Lebewesen
lebhaft

der Lebensraum
die Lebensräume

leer
die Leere
leeren
der Leerlauf

der Lehrer
die Lehrer
lehren

die Lehrerin
die Lehrerinnen

leicht
leicht gemacht
die Leichtigkeit
leichtsinnig

die Leichtathletik
der Leichtathlet
die Leichtathletin

leise
leise sein

die Leiter
die Leitern

der Leopard
die Leoparden

letzte, -r, -s
als Letzte
als Letzter
zum letzten Mal

der Leuchtturm
die Leuchttürme
der Leuchtturm-
wärter

die Leute
eine Menge Leute

das Lexikon
die Lexika

die Libelle
die Libellen

das Licht
die Lichter
lichterloh
die Licht-
geschwindigkeit

Lieblings-
das Lieblingsbuch
die Lieblingsfarbe

der Lieferwagen
die Lieferwagen
liefern

der Liegestuhl
die Liegestühle
liegen

lila
die Farbe Lila
lilafarben

die Limonade
die Limonaden

das Lineal
die Lineale

die Linie
die Linien
der Linienbus
liniert

links
links abbiegen
der Linkshänder
die Linkshänderin

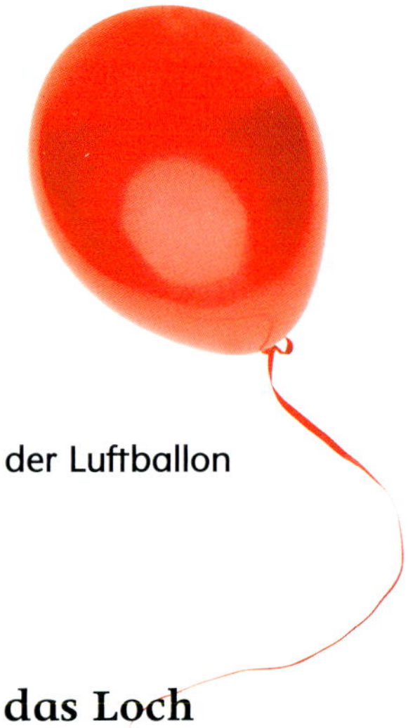

der Luftballon

das Loch
die Löcher
das Knopfloch
lochen
löcherig

locker
die Lockerheit
lockerlassen
lockern

lockig
gelockt
die Locken
der Lockenkopf

der Löffel
die Löffel
löffeln

der Löwe
die Löwen
die Löwenmähne

der Löwenzahn
die Löwenzahn-
wiese

die Luft
die Lüfte
lüften
die Luft-
verschmutzung

der Luftballon
die Luftballons

die Lupe
die Lupen

M

die Marionette

das Mädchen
die Mädchen
mädchenhaft

der Magnet
die Magnete
magnetisch

der Mähdrescher
die Mähdrescher
mähen

die Mahlzeit
die Mahlzeiten
das Mahl

die Mama
die Mamas

manchmal
manches Mal

der Mann
die Männer
männlich
die Männlichkeit

die Mannschaft
die Mannschaften

der Mantel
die Mäntel
die Manteltasche

der Marienkäfer
die Marienkäfer

die Marionette
die Marionetten
das Marionetten-
theater

der Markt
die Märkte
der Marktplatz

die Marmelade
die Marmeladen

die Maschine
die Maschinen
maschinell

die Maske
die Masken
der Maskenball
sich maskieren

die Mathematik
die Mathearbeit
mathematisch

der Matrose
die Matrosen

die Matte
die Matten

die Mauer
die Mauern
mauern
der Maurer
die Maurerin

die Maus
die Mäuse
die Mausefalle
mausetot

das Mauspad
die Mauspads

das Medikament
die Medikamente

die Medizin
der Medizinball
der Medizinmann

das Meer
die Meere
die Meeresfrüchte
der Meeresspiegel

**das Meer-
schweinchen**
die Meer-
schweinchen

das Mehl
mehlig
der Mehlwurm

mehr
mehr als
mehrere
die Mehrheit
mehrmals

mein(e)
meinetwegen

**das meiste,
die meisten**
am meisten

die Melone

die Melone
die Melonen

das Messer
die Messer
messerscharf
die Messerspitze

der Meter
die Meter
fünf Meter lang

mich
für mich

die Mikrowelle
die Mikrowellen
mikrowellen-
geeignet

die Milch
milchig
der Milchreis
die Milchstraße

der Milchshake
die Milchshakes

die Milliarde
die Milliarden
der Milliardär
die Milliardärin

der Milchshake

die Million
die Millionen
der Millionär
die Millionärin

die Minute
die Minuten
minutenlang
der Minutenzeiger

mir
von mir
zu mir

die Mischung
die Mischungen
mischen

mit
mit dem Auto
miteinander

der Mitarbeiter
die Mitarbeiter
mitarbeiten

die Mitarbeiterin
die Mit-
arbeiterinnen

das Mittagessen
die Mittagessen

die Mittagspause
die Mittagspausen

die Mitte
die Mitten
in der Mitte
mittendrin

der Mittelpunkt
die Mittelpunkte

die Mitternacht
um Mitternacht
mitternachts

die Möbel
das Möbelstück
die Wohnzimmer-
möbel

die Mode
die Moden
die Modenschau
modisch

möglich
möglicherweise
die Möglichkeit
möglichst

der Monat
die Monate
monatelang
die Monatskarte

der Mond
die Monde
die Mondfinsternis
der Vollmond

morgen
morgen früh
übermorgen

der Morgen
am Morgen
gestern Morgen
morgens

die Moschee
die Moscheen

der Motor
die Motoren
die Motorhaube

das Motorrad
die Motorräder
der Motorradhelm

das Mountainbike
die Mountainbikes

die Möwe
die Möwen

müde
die Müdigkeit

der Mund
die Münder
mündlich

die Münze
die Münzen

die Murmel
die Murmeln

die Muschel
die Muscheln
muschelförmig
die Strandmuschel

das Museum
die Museen
der Museums-direktor
die Museums-direktorin

die Musik
musikalisch
das Musik-instrument
der Musiklehrer
die Musiklehrerin

der Musiker
die Musiker

die Musikerin
die Musikerinnen

das Muster
die Muster
das Musterbeispiel

mutig
der Mut
mutig sein
die Mutprobe
mutwillig

die Mutter
die Mütter
mütterlich

die Mütze
die Mützen

N

das Nest

nach
nach Hause
nach und nach

der Nachbar
die Nachbarn
die Nachbarschaft

die Nachbarin
die Nachbarinnen

der Nachmittag
die Nachmittage
am Nachmittag
nachmittags

nächste, -r, -s
als Nächster
am nächsten Tag
nächstes Mal

die Nacht
die Nächte
heute Nacht
nachts

der Nachtfalter
die Nachtfalter

der Nachtisch

der Nagel
die Nägel
nagelneu
die Nagelschere

nah oder: nahe
sich nähern
von Nahem

der Name
die Namen
die Namensliste
der Vorname

die Nase
die Nasen
das Nasenbluten
naserümpfend

das Nashorn
die Nashörner

nass
nass geschwitzt
die Nässe

die Natur
natürlich
der Naturschutz

der Nebel
nebelig
die Nebelschwaden

neben
nebenan
nebeneinander

das Nest
die Nester
der Nestflüchter

nett
netterweise

das Netz
die Netze
vernetzen

neu
erneuern
von Neuem

neugierig
die Neugier
neugierig sein

nichts
nichts Neues
der Nichtsnutz

nie
nie mehr
nie wieder

niemand
niemand anders
das Niemandsland

nirgends
nirgendwo

der Norden
nördlich
die Nordsee

das Notizbuch
die Notizbücher
die Notiz

die Nudel
die Nudeln
der Nudelsalat

nur
nur Gutes
nur so

nützlich
nutzen
nützlich sein

O

die Orange

oben
nach oben
obenauf

die Oberfläche
die Oberflächen
oberflächlich

das Obst
das Fallobst
die Obsternte
der Obstsalat

oder
entweder … oder

der Ofen
die Öfen
der Backofen
ofenfrisch

offen
geöffnet
offen lassen
die Offenheit

oft
des Öfteren
öfter
wie so oft

ohne
ohneeinander

das Ohr
die Ohren
die Ohren-
schmerzen
das Ohrläppchen
der Ohrwurm

die Olympischen Spiele
die Olympia-
medaille
das olympische
Dorf

der Onkel
die Onkel
der Patenonkel

orange
die Farbe Orange
orangefarben

die Orange
die Orangen
die Orangenschale

der Orangensaft
die Orangensäfte

der Osten
östlich
die Ostsee

oval
das Oval

der Ozean
die Ozeane
der Ozeandampfer

der Orangensaft

P

der Pelikan

das Paar
die Paare
ein Paar Schuhe
das Pärchen

die Palme
die Palmen

der Panda
die Pandas

der Papa
die Papas

der Papagei
die Papageien

das Papier
die Papiere
die Papiertüte

das Papier-taschentuch
die Papiertaschen-
tücher

das Papiertuch
die Papiertücher

die Pappe
die Pappen
pappig
das Pappmaschee

der Park
die Parks
die Parkbank
der Tierpark

der Patient
die Patienten

die Patientin
die Patientinnen

die Pause
die Pausen
das Pausenbrot
pausieren

der Pavian
die Paviane

das Pedal
die Pedale
das Gaspedal

der Pelikan
die Pelikane

die Perle
die Perlen
abperlen
die Perlenkette

die Person
die Personen
der Personen-
kraftwagen (Pkw)
persönlich

der Pfad
die Pfade
der Pfadfinder
die Pfadfinderin

die Pfanne
die Pfannen
die Bratpfanne

der Pfannkuchen
die Pfannkuchen

der Pfau
die Pfauen
das Pfauenauge

der Pfeffer
das Pfefferkorn
die Pfeffermühle
pfeffern

der Pfeil
die Pfeile
Pfeil und Bogen
pfeilschnell

das Pferd
die Pferde
der Pferdeschwanz
die Pferdestärke

der Pfiff
die Pfiffe
der Anpfiff
pfeifen

die Pflanze
die Pflanzen
pflanzen
pflanzlich

der Pfosten
die Pfosten
der Pfostenschuss

die Pfote
die Pfoten

die Pfütze
die Pfützen

der Pilz

das Picknick
die Picknicks oder:
die Picknicke
picknicken

der Pilot
die Piloten

die Pilotin
die Pilotinnen

der Pilz
die Pilze
Pilze sammeln
die Pilzvergiftung

der Pinguin
die Pinguine

der Pinsel
die Pinsel
der Pinselstrich

der Pirat
die Piraten
das Piratenschiff

die Pizza
die Pizzas oder:
die Pizzen
die Pizzeria

der Planet
die Planeten
der Zwergplanet

das Plastik
die Plastikfolie

die Plastiktüte
die Plastiktüten

der Platz
die Plätze
Platz machen
der Sportplatz

plötzlich

die Polizei
polizeilich

das Polizeiauto
die Polizeiautos

das Pferd

der Polizeihubschrauber
die Polizeihubschrauber

der Polizist
die Polizisten

die Polizistin
die Polizistinnen

die Pommes frites

das Postamt
die Postämter

der Postbote
die Postboten

die Postbotin
die Postbotinnen

das Poster
die Poster

die Postkarte
die Postkarten

die Postleitzahl
die Postleitzahlen

der Preis
die Preise
das Preisausschreiben
das Preisschild
preiswert

der Prinz
die Prinzen
der Märchenprinz

die Prinzessin
die Prinzessinnen

pro
pro Kopf
Pro und Contra

das Problem
die Probleme
problematisch

das Programm
die Programme
die Programmänderung
programmieren

die Prüfung
die Prüfungen
prüfen

der Puder oder: das Puder
pudern
der Puderzucker

der Pullover
die Pullover
der Wollpullover

der Punkt
die Punkte
punkten

die Punktzahl (Spielstand)
punktgleich

die Puppe
die Puppen

das Puppen-theater
die Puppentheater

das Puzzle
die Puzzles
puzzeln

Q

das Quadrat
die Quadrate
quadratisch
der Quadratmeter

die Qualle
die Quallen

quer
quer durch
quer gestreift
der Querschnitt

R

der Regenschirm

das Rad
die Räder
Rad fahren

der Radiergummi
die Radiergummis
radieren
der Radierer

das Radio
die Radios
der Radiosender

der Rahmen
die Rahmen
der Bilderrahmen
etwas rahmen

die Rakete
die Raketen

der Rasen
die Rasen
die Rasenfläche

der Rasenmäher
die Rasenmäher
den Rasen mähen

die Ratte
die Ratten
der Rattenfänger

rau
aufrauen
die Raufasertapete
der Raureif

der Rauch
rauchen
räuchern
das Rauchverbot

die Raupe
die Raupen

die Raute
die Rauten
rautenförmig

der Rechen
die Rechen
rechen

das Rechteck
die Rechtecke
rechteckig

rechts
rechts daneben
der Rechtshänder
die Rechtshänderin
rechtsherum

das Regal
die Regale
das Bücherregal

der Regen
regendicht
regnen
regnerisch

der Regenbogen
regenbogenfarben

der Regenmantel
die Regenmäntel

der Regenschirm
die Regenschirme

der Regenwald
die Regenwälder

der Regenwurm
die Regenwürmer

die Regierung
die Regierungen
regieren

das Reh
die Rehe
das Rehkitz

reich
reich sein
der Reichtum

reif
reif sein
die Reifeprüfung

der Reifen
die Reifen
die Reifenpanne

der Reiher
die Reiher
der Graureiher

der Reis
der Milchreis
das Reiskorn

die Reise
die Reisen
das Reisefieber
reisen

der Reisebus
die Reisebusse

der Reisende
die Reisenden

die Reisende
die Reisenden

der Reisepass
die Reisepässe

der Reiß-verschluss
die Reiß-verschlüsse

der Reiß-verschluss

A B C D E F G H I J K L M N O P Q R S T U V W X Y Z

A B C D E F G H I J K L M N O P Q R S T U V W X Y Z

der Rennwagen

die Reitstunde
reiten
der Ritt

das Rennen
die Rennen
rennen
das Rennrad

der Rennwagen
die Rennwagen

das Restaurant
die Restaurants

die Rettung
retten
der Retter
die Retterin

das Rettungsboot
die Rettungsboote

der Rettungs-schwimmer
die Rettungs-schwimmer

die Rettungs-schwimmerin
die Rettungs-schwimmerinnen

das Rezept
die Rezepte
rezeptpflichtig

richtig
das Richtige

die Richtung
die Richtungen

riesig
der Riese
riesengroß
der Riesenhunger

der Ring
die Ringe
der Ehering

ringsherum
ringsum

der Ritter
die Ritter
die Ritterburg
ritterlich
die Ritterrüstung

der Roboter
die Roboter

der Rock
die Röcke
der Jeansrock

der Rollschuh
die Rollschuhe

das Rollschuh-laufen

der Rollstuhl
die Rollstühle
der Rollstuhlfahrer
die Rollstuhl-fahrerin

rosa
die Farbe Rosa
rosarot

die Rose
die Rosen
rosig

rot
die Farbe Rot
knallrot
der Rotkohl
rötlich

der Rücken
die Rücken
der Rückenwind
rücklings

der Rucksack
die Rucksäcke

rückwärts
der Rückwärts-gang

das Ruder
die Ruder
rudern

das Ruderboot
die Ruderboote

Rugby
Rugby spielen

ruhig
die Ruhe
ruhen
ruhig sein

rund
die Runde
der Rundgang

der Rüssel
die Rüssel

das Rollschuhlaufen

S

der Sattel

der Sack
die Säcke
die Sackgasse
das Sackhüpfen

der Saft
die Säfte
saftig
der Tomatensaft

sagenhaft
die Sage

die Sahne
die Sahnetorte
sahnig

der Salat
die Salate
das Salatblatt
die Salatsoße

das Salz
salzen
salzig
die Salzstangen
das Salzwasser

der Samen
die Samen
das Samenkorn

der Sand
sandig
der Sandkasten
der Sandkuchen

die Sandale
die Sandalen

die Sandburg
die Sandburgen

sanft
besänftigen

der Sattel
die Sättel
sattelfest
satteln
der Sattelschlepper

sauber
die Sauberkeit
säubern

das Säugetier
die Säugetiere

Schach
Schach spielen
das Schachbrett

die Schachtel
die Schachteln

das Schaf
die Schafe
der Schäfer
die Schäferin

die Schafe

der Schal

der Schal
die Schals
der Wollschal

die Schale (Gefäß)
die Schalen
die Glasschalen

die Schale (Hülle)
die Schalen
die Bananenschale
schälen

scharf
schärfen
scharfsinnig

der Schatten
die Schatten
das Schattenspiel
schattig

die Schaufel
die Schaufeln
schaufeln

die Schaukel
die Schaukeln
schaukeln
der Schaukelstuhl

die Schere
die Scheren
scheren

die Scheune
die Scheunen
das Scheunentor

das Schiff
die Schiffe
schiffbrüchig
die Schifffahrt

das Schiffsdeck
die Schiffsdecks

das Schild
die Schilder
das Verkehrsschild

die Schildkröte
die Schildkröten

der Schimpanse
die Schimpansen

der Schlafanzug
die Schlafanzüge

der Schlafsack
die Schlafsäcke

das Schlafzimmer
die Schlafzimmer

das Schlagholz
die Schlaghölzer

das Schlagzeug
der Schlagzeuger
die Schlagzeugerin

der Schlamm
schlammig

die Schlange
die Schlangen
Schlange stehen
sich schlängeln

schlecht
schlecht gelaunt

der Schlitten
die Schlitten
die Schlittenfahrt

der Schlittschuh
die Schlittschuhe
Schlittschuh laufen

das Schloss
die Schlösser
der Schlossgarten

das Schloss (Tür)
die Schlösser
das Türschloss

der Schlüssel
die Schlüssel
das Schlüsselloch

der Schmetterling
die Schmetterlinge

die Schminke
sich schminken

der Schmuck
schmücken
das Schmuckstück

schmutzig
der Schmutz
die Schmutzwäsche

der Schnabel
die Schnäbel
das Schnabeltier

die Schnecke
die Schnecken
das Schnecken-
tempo

der Schnee
schneebedeckt
schneeweiß
schneien

der Schneeball
die Schneebälle
die Schneeball-
schlacht

die Schneeflocke
die Schneeflocken

der Schneemann
die Schneemänner

schnell
auf die Schnelle
die Schnelligkeit

die Schnur
die Schnüre
schnüren
schnurgerade
der Schnürsenkel

der Schnurrbart
die Schnurrbärte

das Schnurrhaar
die Schnurrhaare
schnurren

die Schokolade
die Schokoladen
die Schokoladen-
tafel

schon
schon jetzt

schön
am schönsten
etwas Schönes

die Schönheit
die Schönheiten
der Schönheitsfleck

der Schornstein
die Schornsteine
der Schornstein-
feger

der Schrank
die Schränke
der Kleiderschrank
die Schranktür

schrecklich
erschrecken
der Schreck

der Schreibtisch
die Schreibtische
die Schreibtisch-
lampe

der Schritt
die Schritte
schreiten
Schritt für Schritt

Schlittschuh laufen

die Schubkarre
die Schubkarren

die Schublade
die Schubladen

schüchtern
schüchtern sein
die Schüchternheit

der Schuh
die Schuhe
der Schuhkarton

die Schule
die Schulen
schulfrei
die Schulstunde

der Schüler
die Schüler

die Schülerin
die Schülerinnen

die Schultasche
die Schultaschen

die Schulter
die Schultern
schulterlang

die Schuluniform
die Schul-
uniformen

der Schuppen
die Schuppen

die Schürze
die Schürzen

die Schüssel
die Schüsseln
die Suppenschüssel

schwach
geschwächt
schwach sein
die Schwäche

der Schwamm
die Schwämme
schwammig

der Schwan
die Schwäne

der Schwanz
die Schwänze
die Schwanzflosse

schwarz
die Farbe Schwarz
schwarzfahren
schwarzsehen

das Schwein
die Schweine
die Schweinerei
der Schweinestall

schwer
schwer beladen
schwer krank
schwer machen

das Schwert
die Schwerter

die Schwester
die Schwestern

das Schwimmbad
die Schwimmbäder

die Schwimmbrille
die Schwimm-
brillen

der Schwimmer
die Schwimmer

die Schwimmerin
die Schwimme-
rinnen

die Schwimmweste
die Schwimm-
westen

der See
die Seen
der Badesee

die See (Meer)
die Ostsee
seekrank

der Seehund
die Seehunde

der Seelöwe
die Seelöwen

das Seepferdchen
die Seepferdchen

die Seerose
die Seerosen
der Seerosenteich

der Seestern
die Seesterne

das Segel
die Segel
Segel setzen

das Segelboot
die Segelboote

das Segeln
segeln

sehr
sehr gut
sehr viel
zu sehr

die Seife
die Seifen
einseifen
der Seifenspender

die Seifenblase
die Seifenblasen

das Seil
die Seile
seilspringen
das Springseil

sein(e)
sein Auto
seine Schwester
seinetwegen

die Seite
die Seiten
seitenlang
das Seitenstechen
seitwärts

seltsam
seltsamerweise

A B C D E F G H I J K L M N O P Q R S T U V W X Y Z

der Sessel
die Sessel

das Shampoo
die Shampoos

die Shorts
die Bermudashorts

sicher
die Sicherheit
sicherlich
sichern

Sie
kommen Sie bitte
siezen

sie
sie kommen
sie kommt

das Skateboard
die Skateboards

das Skelett
die Skelette

die Skier oder:
die Ski
der Skifahrer
die Skifahrerin

die SMS
eine SMS senden

das Snowboard
die Snowboards
snowboarden

die Socke
die Socken

das Sofa
die Sofas

sofort
jetzt sofort
die Soforthilfe

sogar

der Sohn
die Söhne

der Soldat
die Soldaten
die Soldatin
die Soldatinnen

der Sommer
die Sommer
sommerlich
die Sommersprosse

die Sonne
die Sonnen
sich sonnen
sonnig

die Sonnenblume
die Sonnenblumen
das Sonnen-
blumenfeld

die Sonnenbrille
die Sonnenbrillen

die Sonnencreme
die Sonnencremes

der Sessel

das Skelett

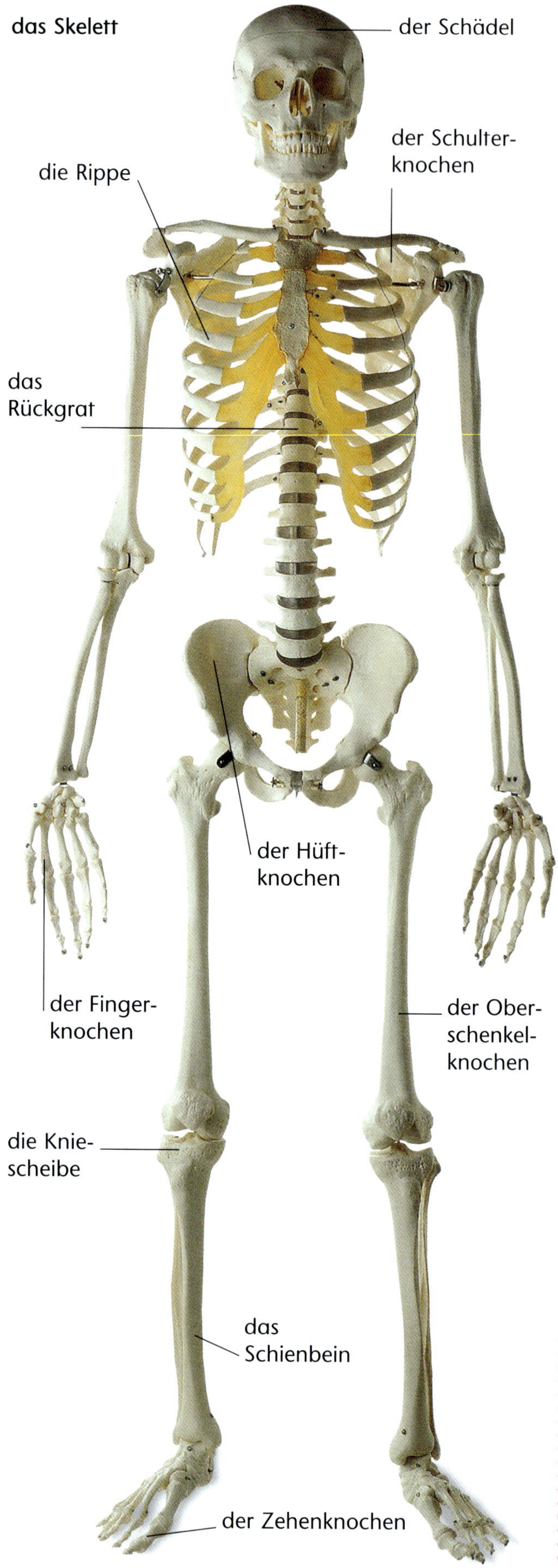

die Sonnenblume

der Sonnenhut
die Sonnenhüte

der Sonnenschirm
die Sonnenschirme

der Sonnen-untergang
die Sonnen-untergänge

die Spaghetti

Spanien
der Spanier
die Spanierin

spanisch
Spanisch lernen
der Spanisch-unterricht

der Spaß
die Späße
es macht Spaß
spaßig

spät
spätabends
spätestens
zu spät

der Spaten
die Spaten

der Spaziergang
die Spaziergänge
spazieren gehen

die Speisekarte
die Speisekarten
speisen

der Spiegel
die Spiegel
spiegelglatt
spiegeln

das Spiel
die Spiele
spielen
spielerisch
die Spielkarte

der Spieler
die Spieler

die Spielerin
die Spielerinnen

der Spielplatz
die Spielplätze

das Spielzeug
das Holzspielzeug
das Spielzeug-geschäft

die Spinne
die Spinnen
das Spinnennetz

der Sport
der Sportler
die Sportlerin
sportlich

die Sportart
die Sportarten

die Sprache
die Sprachen
sprachlos

das Springseil
die Springseile
springen

das Spülbecken
die Spülbecken
spülen

die Stadt
die Städte
stadtbekannt
der Stadtteil

der Stamm
die Stämme
der Baumstamm

das Springseil

stark
stark sein
die Stärke
stärken

der Staub
staubig
der Staubsauger

steil
die Steilküste

der Stein
die Steine
steinhart
steinig
die Steinzeit

der Stern
die Sterne
sternförmig
die Sternschnuppe

der Stiefel
die Stiefel

die Stiefmutter
die Stiefmütter

der Stiefvater
die Stiefväter

die Stiefel

der Stift
die Stifte

still
still sitzen
die Stille
der Stillstand

der Strand
die Strände
stranden
der Strandkorb

die Straße
die Straßen
der Straßenname

die Straßenlaterne
die Straßen-laternen

das Streichholz
die Streichhölzer

die Streichholz-schachtel
die Streichholz-schachteln

der Streifen
die Streifen
gestreift

A B C D E F G H I J K L M N O P Q R S T U V W X Y Z

streng
streng sein
die Strenge
strengstens

das Stroh
der Strohballen
der Strohhut
strohig

der Strohhalm
die Strohhalme

der Strumpf
die Strümpfe
die Kniestrümpfe

die Strumpfhose
die Strumpfhosen

der Stuhl
die Stühle
der Schreibtisch-
stuhl
die Stuhllehne

die Stunde
die Stunden
stundenlang
der Stundenplan
stündlich

der Sturm
die Stürme
der Stürmer
die Stürmerin
stürmisch

der Süden
südlich
der Südpol
die Südsee

der Supermarkt
die Supermärkte

das Surfbrett
die Surfbretter
surfen
der Surfer
die Surferin

T

die Tafel

das Tablett
die Tabletts oder:
die Tablette

die Tafel
die Tafeln

der Tag
die Tage
bei Tag und Nacht
tagelang
die Tageszeit
tagsüber

das Tagebuch
die Tagebücher

täglich
jeden Tag

die Taille
die Taillen

die Tankstelle
die Tankstellen
der Tank
tanken

die Tante
die Tanten
die Patentante

der Tänzer
die Tänzer
tanzen

die Tänzerin
die Tänzerinnen

die Tasche
die Taschen
das Taschenbuch
der Taschendieb

das Taschengeld
die Taschengelder

die Taschenlampe
die Taschen-
lampen

**der Taschen-
rechner**
die Taschen-
rechner

das Taschentuch
die Taschentücher

die Tasse
die Tassen

die Tastatur
die Tastaturen
die Taste

taub
die Taubheit
sich taub stellen

der Teddybär

der Taucher
die Taucher

die Taucherin
die Taucherinnen

die Taucherbrille
die Taucherbrillen

tausend
Tausende von
Menschen
tausendmal

das Taxi
die Taxis
der Taxifahrer
die Taxifahrerin

der Teddybär
die Teddybären
der Teddy

der Tee
die Tees
die Teekanne
das Teelicht

das Taxi

das Telefon

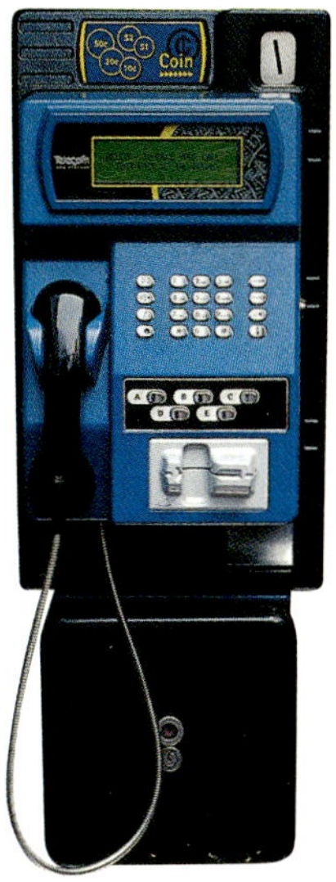

der Teich
die Teiche
der Seerosenteich

das Telefon
die Telefone
telefonieren
telefonisch

der Teller
die Teller
der Suppenteller
der Tellerwäscher
die Teller-
wäscherin

Tennis
Tennis spielen
der Tennisball
das Tennisturnier

der Tennisschläger
die Tennisschläger

der Teppich
die Teppiche
der Teppichboden
der Teppichklopfer

teuer

das Theater
die Theater
die Theaterprobe
theatralisch

das Theaterstück
die Theaterstücke

tief
die Tiefe
die Tiefgarage
tiefgekühlt

das Tier
die Tiere
tierisch
tierlieb
der Tierschutz

der Tierarzt
die Tierärzte

die Tierärztin
die Tierärztinnen

der Tiger
die Tiger
das Tigerauge
der Tigerhai

der Tisch
die Tische
auftischen
die Tischdecke

Tischtennis
Tischtennis
spielen
der Tischtennisball

der Toaster
die Toaster
das Toastbrot
toasten

die Tochter
die Töchter

die Toilette
die Toiletten

**das Toiletten-
papier**

toll
das Tollhaus
die Tollwut

die Tomate
die Tomaten
der Tomaten-
ketchup
die Tomatensoße

der Traktor

**der Topfhand-
schuh**
die Topf-
handschuhe

das Tor
die Tore
ein Tor schießen
der Torschütze
die Torschützin

der Torwart
die Torwarte
die Torwartin

tot
sich tot stellen
der Tote
die Tote
töten

der Tourist
die Touristen
der Tourismus

die Touristin
die Touristinnen

der Traktor
die Traktoren

die Traube
die Trauben
der Traubensaft
der Traubenzucker

der Traum
die Träume
der Albtraum
träumen
traumhaft

der Tiger

A B C D E F G H I J K L M N O P Q R S T U V W X Y Z

der Truthahn

traurig
trauern
traurig sein
die Traurigkeit

die Treppe
die Treppen
treppauf, treppab
das Treppen-
geländer

trocken
die Trockenheit
trocknen
der Trockner

der Tropfen
tropfen
die Tropfstein-
höhle

der Tukan

tropisch
die Tropen

der Truthahn
die Truthähne

das T-Shirt
die T-Shirts

die Tube
die Tuben
die Zahnpastatube

das Tuch
die Tücher
das Halstuch

der Tukan
die Tukane

der Tunnel
die Tunnel oder:
die Tunnels
der Bergtunnel

die Tür
die Türen
die Türklinke
das Türschloss

der Turnschuh
die Turnschuhe

U

die Uhr

die U-Bahn
die U-Bahnen
die U-Bahn-Station
die Untergrund-
bahn

über
über dem Tisch
über zwei Stunden
übereinander

überall
von überall her

überfüllt
überfüllen

überraschend
überraschen
überrascht

die Überraschung
die Über-
raschungen
das Über-
raschungsei

das U-Boot
die U-Boote
das Unterseeboot

die Übung
die Übungen
die Sportübung
üben
das Übungsbuch

die Uhr
die Uhren
die Armbanduhr
die Uhrzeit
zwei Uhr

umgedreht
umdrehen

der Umhang
die Umhänge
umhängen
die Umhänge-
tasche

der Umschlag
die Umschläge

die Umwelt
umweltfreundlich
der Umweltschutz
die Umwelt-
verschmutzung

und
ich und du
und so weiter

der Unfall
die Unfälle
die Unfallgefahr
der Verkehrsunfall

ungefähr
nicht von ungefähr
ungefähr um acht
Uhr

das Ungeheuer
die Ungeheuer
ungeheuerlich

die Uniform

ungerecht
ungerecht sein
die Ungerechtigkeit

ungewöhnlich
ungewöhnlich sein
das Ungewöhnliche

die Uniform
die Uniformen
die Polizeiuniform

das Unkraut
Unkraut jäten

unser(e)
unser Freund
unsere Freundin

unten
nach unten
von unten

unter
der Unterarm
untereinander
unterhalb

die Unterrichtsstunde
der Unterricht
unterrichten

der Unterschied
die Unterschiede
unterscheiden
unterschiedlich

die Unterwäsche
die Sportunterwäsche

der Urlaub
die Urlaube
urlaubsreif
die Urlaubsreise
die Urlaubszeit

V

der Vogel

der Vampir
die Vampire

der Vater
die Väter
das Vaterland
väterlich

die Veränderung
die Veränderungen
verändern

verängstigt
die Angst
verängstigen

die Vergangenheit
vergangen
vergänglich

verheiratet
heiraten

der Verkäufer
die Verkäufer
verkaufen
verkäuflich

die Verkäuferin
die Verkäuferinnen

der Verkehr
der Straßenverkehr
verkehrsberuhigt
verkehrssicher

das Verkehrsmittel
die Verkehrsmittel

die Verletzung
die Verletzungen
sich verletzen
verletzt

das Versteckspiel
das Versteck
verstecken
Verstecken spielen

das Videogerät
die Videogeräte
das Video
die Videos

das Videospiel
die Videospiele

viel(e)
der Vielfraß
viele Menschen
vielseitig

das Viertel
vier
vierteln

der Vogel
die Vögel
das Vogelfutter
die Vogelscheuche

voll
halb voll
der Vollbart
vollzählig

von
von hier
von jetzt an

vor
vor allem
vor dem Haus

vorsichtig
die Vorsicht
vorsichtshalber

vorwärts
der Vorwärtsgang
vorwärtsgehen

W

der Wald

wahr
nicht wahr
die Wahrheit
wahrsagen

während
währenddessen

wahrscheinlich
die Wahrscheinlichkeit

der Wal
die Wale

der Wald
die Wälder
der Laubwald
der Waldbrand

wann
dann und wann

warm
sich wärmen
die Wärme

warum
warum nicht

was
was ist das

A B C D E F G H I J K L M N O P Q R S T U V W X Y Z

der Waschlappen

das Waschbecken
die Waschbecken
waschen

der Waschlappen
die Waschlappen

**die Wasch-
maschine**
die Wasch-
maschinen

das Wasser
bewässern
wasserdicht
der Wasserfall
wasserscheu

der Wasserhahn
die Wasserhähne

der Wasserkocher
die Wasserkocher

die Wassermelone
die Wasser-
melonen

der Wecker
die Wecker
wecken
das Wecker-
klingeln

weg
hin und weg
weggehen
wegwerfen

weich
weich gekocht
weich sein
weichherzig

**Weihnachten
oder: die
Weihnacht**
weihnachtlich
die Weihnachtszeit

**der Weihnachts-
baum**
die Weihnachts-
bäume

**die Weihnachts-
karte**
die Weihnachts-
karten

weil

weiß
die Farbe Weiß
das Weißbrot
weißhaarig

weit
weit entfernt
weit und breit
die Weite

der Weizen
das Weizenfeld
das Weizenmehl

welche, -r, -s

die Welle
die Wellen
der Wellenreiter
wellig

der Wellensittich
die Wellensittiche

der Welpe
die Welpen

der Wecker

die Welle

die Welt
die Welten
das Weltall
weltberühmt
weltweit

wer
irgendwer
wer ist das

das Werkzeug
die Werkzeuge
der Werkzeug-
kasten

die Wespe
die Wespen
das Wespennest
der Wespenstich

der Westen
westlich
der Westwind

das Wetter
wetterfest
die Wetter-
vorhersage

wichtig
nichts Wichtiges
sich wichtig-
machen

wie
so gut wie
wie viel
wie weit

wieder
hin und wieder
wieder einmal
wiedergeben

die Wiese
die Wiesen
die Wiesenblume

willkommen
herzlich will-
kommen

die Wimper
die Wimpern
die Wimperntusche

der Wind
die Winde
die Windstärke
windstill

der Wellensittich

der Wolkenkratzer

windig
windig sein

der Winter
die Winter
winterlich
der Winterschlaf

winzig
winzig klein
die Winzigkeit

wir
wir alle
wir beide

die Wirbelsäule
die Wirbelsäulen
der Wirbel

wirklich
die Wirklichkeit

die Wissenschaft
die Wissenschaften
wissenschaftlich

der Wissenschaftler
die Wissenschaftler

die Wissen-schaftlerin
die Wissenschaft-lerinnen

der Witz
die Witze
der Witzbold
witzig

wo
woanders

die Woche
die Wochen
wochenlang
der Wochentag

das Wochenende
die Wochenenden

die Wohnung
die Wohnungen
die Wohnungstür

das Wohnzimmer
die Wohnzimmer

der Wolf
die Wölfe
das Wolfsrudel

die Wolke
die Wolken
wolkenlos

der Wolken-kratzer
die Wolkenkratzer

wolkig
bewölkt

die Wolle
die Wolldecke

das Wort
die Wörter
die Wortart
wörtlich

die Würfel

die Würstchen

das Wörterbuch
die Wörterbücher

der Würfel
der Würfelbecher
würfeln
der Würfelzucker

der Wurm
die Würmer
der Regenwurm

die Wurzel
die Wurzeln
der Wurzelballen

das Würstchen
die Würstchen
die Wurst

die Wüste
die Wüsten
der Wüstensand

wütend
die Wut
wüten

Y

die Yacht

die Yacht
die Yachten
der Yachthafen

A B C D E F G H I J K L M N O P Q R S T U V W X Y Z

Z

die Zahnbürste

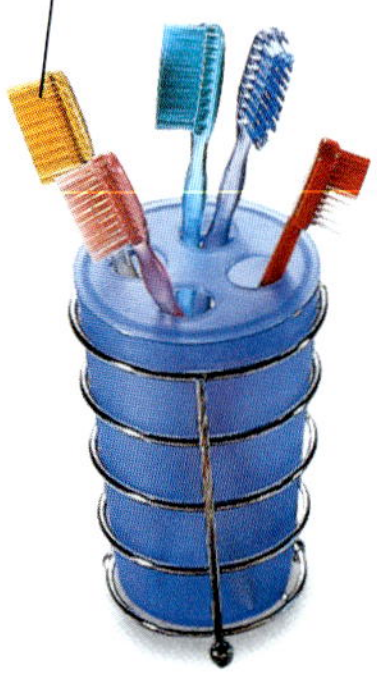

zäh
zäh sein
zähflüssig

die Zahl
die Zahlen
das Zahlen-
gedächtnis
zahlreich

der Zahn
die Zähne
der Milchzahn
zähneknirschend
die Zahnschmerzen

der Zahnarzt
die Zahnärzte
die Zahnarztpraxis
der Zahnarzt-
termin

die Zahnärztin
die Zahnärztinnen

die Zahnbürste
die Zahnbürsten

die Zahnpasta
die Zahnpastatube

der Zauberer
die Zauberer
die Zauberin
zauberhaft
zaubern

der Zaun
die Zäune
einzäunen
der Gartenzaun
der Zaunpfahl

das Zebra
die Zebras

der Zebrastreifen
die Zebrastreifen

der Zeh
oder: die Zehe
die Zehen
auf Zehenspitzen

das Zeichnen
der Zeichner
die Zeichnerin

die Zeichnung
die Zeichnungen

die Zeit
die Zeiten
eine Zeit lang
zeitig
die Zeitlupe

die Zeitschrift
die Zeitschriften
die Modezeitschrift

die Zeitung
die Zeitungen
die Tageszeitung
der Zeitungsartikel
das Zeitungspapier

das Zelt
die Zelte
der Zeltplatz
das Zirkuszelt

das Zelten
zelten

die Ziege
die Ziegen
der Ziegenbock
die Ziegenmilch

die Zitrone

das Zimmer
die Zimmer
das Kinderzimmer
die Zimmer-
lautstärke
zimmern

die Zimmerdecke
die Zimmerdecken

der Zirkus
die Zirkusse
der Flohzirkus
die Zirkusnummer

das Zebra

die Zwiebel

die Zitrone
die Zitronen
zitronengelb
die Zitronen-
limonade
der Zitronensaft

der Zoo
die Zoos
der Zoodirektor
die Zoodirektorin

der Zucker
zuckerfrei
das Zuckerrohr
die Zuckerwatte

zuerst
zuerst einmal

der Zug
die Züge
zügig
die Zugverbindung
der Zugvogel

das Zuhause
ein Zuhause haben

die Zukunft
zukünftig
die Zukunftspläne

die Zunge
die Zungen
der Zungenbrecher
die Zungenspitze

zurück
es gibt kein Zurück
hin und zurück
zurückgehen

zusammen
alle zusammen
zusammenhalten

zusätzlich
der Zusatz

die Zutat
die Zutaten

zweite, -r
jeder Zweite
das zweite Mal
zweitens

die Zwiebel
die Zwiebeln
die Blumenzwiebel
die Zwiebelschale
die Zwiebelsuppe

der Zwilling
die Zwillinge
der Zwillings-
bruder
die Zwillings-
schwester

zwischen
dazwischen
zwischendurch
der Zwischenfall
der Zwischenraum

die Zwillinge

27 Redewendungen

ja

nein

Hallo!

Auf Wiedersehen!

Bis später!

bitte

danke

Entschuldige! /
Entschuldigen Sie!

Es tut mir leid.

Ich heiße …

Ich wohne in …

Ich bin … Jahre alt.

Ich verstehe nicht.

Ich weiß nicht.

sehr gut

sehr

Ich mag / Ich mag nicht …

Gehen wir!

Alles Gute zum Geburtstag!

Die Wochentage

Montag

Dienstag

Mittwoch

Donnerstag

Freitag

Samstag

Sonntag

Wie geht es dir?

Wie heißt du?

Magst du ...?

Hast du ...?

Kann ich ... haben?

Wie viel ...?

Wie viele?

Was ist das?

Kannst du mir helfen?

Wie spät ist es?

Hilfe!

Halt!

Biege rechts/links ab.

Gehe geradeaus.

vor

nahe bei

Wo ist/sind ...?

Die zwölf Monate

Januar

Februar

März

April

Mai

Juni

Juli

August

September

Oktober

November

Dezember

28 Die Zahlen

0	null	10	zehn	20	zwanzig
1	eins	11	elf	21	einundzwanzig
2	zwei	12	zwölf	30	dreißig
3	drei	13	dreizehn	40	vierzig
4	vier	14	vierzehn	50	fünfzig
5	fünf	15	fünfzehn	60	sechzig
6	sechs	16	sechzehn	70	siebzig
7	sieben	17	siebzehn	80	achtzig
8	acht	18	achtzehn	90	neunzig
9	neun	19	neunzehn	100	hundert

Dank

Dorling Kindersley dankt folgenden Personen für die Unterstützung bei der Herstellung des Buches: Sarah Ponder und Carole Oliver für Konzeptionsassistenz, Marie Greenwood und Jennie Morris für Redaktionsassistenz, Angela Wilkes für sprachliche Beratung; Katherine Northam für digitale Bearbeitung, Rose Horridge und Rachael Swan für Bildrecherche sowie den Modellen Hope Annets, Mary Mead, Bethany Tombs, Todd und Sophie Yonwin.

Bildnachweis
Abkürzungen: o = oben, u = unten, l = links, r = rechts, m = Mitte
31: www.aviationpictures.com/Austin J. Brown 1983 (ol); 31: m. frdl. Genehmigung des FSTOP Pte. Ltd. Singapur (om); 32: Courtesy of the Natural History Museum, London (or); 54: Corbis/ Ronnie Kaufman (ur); 55: Corbis/Craig Tuttle (ol); 55: Corbis/Craig Tuttle (or); 55: Zefa/J. Jaemsen (ml); 55: Zefa/J. Jaemsen (mu); 55: Powerstock (ul); 72: Getty Images/Stone/Stuart Westmorland (ol); 82: Indianapolis Motor Speedway Foundation, Inc. (om); 91: David Edge (om); 91: m. frdl. Genehmigung des Junior Department, Royal College of Music, London (ur).